Ⓢ新潮新書

森口 朗
MORIGUCHI Akira

いじめの構造

219

新潮社

いじめの構造●目次

第三章　「いじめ」の発生メカニズムとは

第四章　かくして「いじめ」は隠蔽される

第五章　暴言よりひどい、「いじめ妄言」を正す

はじめに

二〇〇六年末に発生した「いじめ自殺連鎖」は、教育界に大きな衝撃を与えました。教育再生会議は直ちに緊急提言を出し、全国津々浦々の教育委員会で緊急会議が催され、一部の学校は厳戒態勢さながらでした。

テレビや新聞といったメディアでも、学者や教育評論家だけでなく、芸能人やスポーツ選手など様々な立場の人がいじめについての見解やメッセージを発表しました。

事件が起き、大騒ぎとなり、一応騒ぎが収まった後で一番大切なことは、問題点を洗い出し、二度と同じタイプの事件が起きないようにすること、万が一起きたとしても、前回よりも適切な対処ができるようにしておくことです。

おそらく、政府・文部科学省を中心として現在その作業がなされているはずですが、世の「いじめ」に関する書物や論評のお粗末さを見るとき、どれほどの議論がなされているか不安にならざるを得ません。

苔《こけ》の生えたオールド右派やカビの生えたオールド左派は、「いじめ自殺連鎖」という危機に直面しても、普段と同じ口上を繰り返すだけで、何一つ明確な指針や基準を示すことができませんでした。懐古趣味やイデオロギーで、現実のいじめを解決できるはずがないのです。彼らに教育現場の現実に対処する能力がないことは明白です。

一方、心理カウンセラーなどの専門家は、クライアントからの訴えをあたかも客観情報であるかのようにヒステリックに叫び、人々の不安をかきたてました。社会が不安に陥ったときに冷静さを取り戻させるのは、専門家の大きな役割です。しかし、彼らはその役割を放棄しました。

本書は、これら低レベルな「いじめ論」とは一線を画するものです。

執筆にあたっては、NPO法人「ジェントルハートプロジェクト」が丹念に集めたいじめ情報だけでなく、直接付き合いのある教員や若者達から生情報を収集し、双方を基礎としました。いじめという現実を読み解くためには、被害者からの一方的な情報だけでは不十分だからです。

その上で、これらの「いじめ情報」を様々な道具を駆使して分析し、いじめという現実にどう対処すべきかを明らかにしました。

具体的には以下のとおりです。


第一章では、教育再生会議の「いじめ問題への緊急提言」が誰にどのような義務を課したのかを解明することで、提言のお粗末さと不道徳さを明らかにしました。現場の教員達がこの緊急提言に冷やかだった理由が氷解するはずです。

第二章では、国際基督教大学教授の藤田英典氏が示した「いじめの四類型」を図示し、「スクールカースト」という概念を加えて修正することで、教室で行われているいじめの実像を映し出しました。

いじめを冷静に判断できる中高生ならば、誰に聞いてもらっても構いません。ヒステリックに「いじめは犯罪です」「いじめは根絶しなければなりません」と叫ぶ人々が主張するいじめよりも、私が本書で描いたいじめの方が断然リアルだと答えてくれるでしょう。

第三章では、明治大学准教授の内藤朝雄氏が示した緻密かつ難解な「いじめの発生メカニズムモデル」を判りやすく解説し、「メリット・デメリット分析」や「ゲーム理論」、大阪樟蔭女子大学教授の森田洋司氏たちが示した「いじめ集団の四層構造」などを援用して、いじめという場における子ども達の行動を詳細に分析しました。

すべての教育や指導は相手を知るところから始まります。本章は、いじめという現実の中で生きる子ども達を知る、有用な手がかりとなるでしょう。

第四章では、学校がいじめを隠蔽《いんぺい》する時の行動パターンを示しました。

マスコミや世間が「いじめを隠蔽するとはけしからん」と学校を叩くだけでは解決できない根深さを、ほんの少しでも感じていただければ幸いです。

第五章では、いじめにまつわる様々な妄言《もうげん》を取り上げ、その害を明らかにしました。世の「いじめ本」の九割以上は妄言集です。

「妄言は百害あって一利なし」

とりわけ、心理カウンセラーから発せられる妄言は厳しく断罪しました。彼らは目の前の極端な事例から学校で起きている現象のすべてを推測していますが、大間違いです。

こといじめに関しては、一般の方は本書を入門書としていただければ充分です。

さらに研究を深めたい方には、藤田氏、内藤氏、森田氏など、真摯《しんし》に教育病理を研究している学者の本をお勧めします。

我が国の教育学者は、学力低下問題には冷淡でしたが、いじめや不登校といった教育病理現象には熱心に取り組んできました。

私は、教育再生会議がいじめ問題についてお粗末な提言しかできなかった最大の原因は、極端な研究者軽視にあると思っています（この会議には、教育学者が一人も入っていません）。

最後に第六章では、いじめ問題への対処法を明示しました。「いじめは、学校と保護者と地域社会が協力して解決しよう」というのが公式見解のようですが、そんなことは絵空事です。よほど学校が荒れない限り、保護者も地域社会も動きません。責任を持って協力すべきは、学校と教育行政と司法なのです。そして、この三者が協力すれば、現行法を何一つ改正することなくいじめに適切に対処できることを明らかにしました。

本書を手に取った方は、ぜひ最後まで読み通してください。

本書を基礎にしていただければ、家庭や職場、クラスや学校、教育委員会、さらには各種の審議会など、いじめを論じるあらゆる場面での議論が、それまでと比較して格段にハイレベルなものになることをお約束します。

第一章　低レベルな「いじめ論」を排除せよ

教育史に残る不道徳提言

平成一八年一一月二九日は、教育史上最も不道徳な提言が政府に提出された日として後世に伝えられるでしょう。

私は、教育再生会議の「いじめ問題への緊急提言」を目にした時に、本当に久しぶりに怒りで体が震えました。何度思い出しても怒りが込み上げてくるのですが、なるべく冷静に、この提言の不道徳さを説明したいと思います。

本提言は八項目にわたりますが、まず第一項で「学校は、子どもに対し、いじめは反社会的な行為として絶対許されないことであり、かつ、いじめを見て見ぬふりをする者も加害者であることを徹底して指導する」と言います。

前半はまあ良いとしましょう。私はいじめを絶対悪だとは思っていませんが、いじめ自殺が続いた直後の緊急提言です。このような意見が教育再生会議有識者委員の間で多数派になっても仕方ありません。

問題は、後半の「いじめを見て見ぬふりをする者も加害者である」という件《くだり》です。馬鹿も休み休み言ってほしい。傍観者や中立者はあくまで傍観者や中立者であって、決して加害者ではありません。

社会において市民が破廉恥な犯罪を目撃した時には警察に通報する道徳的義務があるかもしれませんが、それを怠ったからといってその市民を加害者扱いするような社会は、密告を強要する全体主義社会以外の何物でもありません。

いったい、教育再生会議の委員たちは、学校においてどのような子どもを創ろうというのでしょう。

子ども達には、「いじめから中立であることの自由」があります。これは非常に重要なことですので、第五章で詳述します。

提言の不道徳さはこれだけではありません。これだけなら単に「またバカな委員を選んだものだ」と呆《あき》れていればよいだけのことです。しかし、この緊急提言を創った者は決してバカではない。むしろ、原案の作成に携わった人間は、極めて狡猾な人間です。何せ、学校・教師・生徒に多大な義務を負わす一方で、政治や行政は見事に安全地帯に避難しているのですから。

提言の第二項は次のように言います。

「学校は、問題を起こす子どもに対して、指導、懲戒の基準を明確にし、毅然とした対応をとる」

そして、社会奉仕・個別指導・別教室での教育、を例示しました。

この例示はあまりにひどい。

社会奉仕・個別指導・別教室での教育。これらはすべて、「毅然とした対応」の対極にあるものです。

罪を犯したものに社会奉仕を義務付けるという手法は、欧米諸国の刑事政策分野で導入されている制度ですが、制度導入の最大の理由は、刑務所が満杯になってこれ以上収監できなくなったからです。

また、理論的には「関係修復的司法」といって、

「罪を犯してしまった加害者を更生させるには、厳罰を科すよりも社会復帰に向けた丁寧なケアの方が有効である」

という考え方をベースにしています。

このような関係修復的司法の手法に対して、厳罰化を志向する人々からは、被害者の感情や人権・社会秩序の維持という観点から厳しい批判が寄せられています。

私は、ここで厳罰主義が良いか、関係修復的司法が良いかという議論をするつもりはありません。

学校に毅然とした対応をしろと提言するのならば、教育再生会議の委員たちは、その手法を例示するに当たって毅然としてできるだけの具体的処罰を示し、覚悟を表すべきだと言いたいのです。

学校がいじめの加害者に対して懲戒権を行使するときの最大の障害は、加害者の親です。彼らは自分の子どもが被害者の学習権を蹂躙《じゅうりん》している事実を省みず、自分の子どもへの人権侵害を口にします。マスコミに訴えると脅す者もいれば、弁護士を立てて加害

者を庇《かば》おうとする者もいます。

学校にとって、加害者の親に対し毅然とした対応をすることは、本当に骨が折れるし勇気もいるのです。それを判ったうえで、「学校は毅然としろ」と命令するならば、委員だって泥をかぶる覚悟がなければなりません。ところが、「社会奉仕」という大甘の例しか示さない。

「個別指導」や「別教室での教育」に至っては、そもそも懲戒ではありません。加害者にだけ特別丁寧な指導をしろという指示でしかなく、ある種の加害者優遇策です。

教育再生会議が例示すべきは、

「いじめが暴力や恐喝を伴う時は、警察に連絡をとり加害者を引き渡すこと」

「いじめにより生じた被害が甚大《じんだい》な場合は、加害者を強制転校させること」

などのはずでした。

もちろん、そのような提言が出れば、加害者の人権ばかりを強調する人々は一斉に提言を批判するでしょう。しかし、何度も言いますが、現場に毅然とした態度を要求するのなら、まず自分達が加害者の人権を過度に擁護する人達と対決して範を示すべきです。

教育再生会議はそれをせずに、社会の批判から逃げたのです。教育再生会議だけではありません。教育行政も、この提言では逃げることを許されました。

議論の末に例示からはずされたのは「出席停止」です。

出席停止の有効性は後に論じますが、ここで重要なのは権限の所在です。例示された「社会奉仕」「個別指導」「別教室での教育」を行う権限は学校にありますが、児童・生徒を「出席停止」にする権限は、学校ではなく教育委員会にあります（学校教育法二六条・四〇条）。

つまり、二つの項目の主語が示しているように、「毅然とした対応」をとらされるのは「学校」だけで、教育行政はいじめ事件が発生しても直接関与しなくてもよい、ということになります。

では教育委員会は何をするのか。

提言の第四項はこう言います。

「教育委員会は、いじめに関わったり、いじめを放置・助長した教員に、懲戒処分を適用する」

以上をまとめると、こういうことになります。

「いじめが起こった時に、現場にいる生徒は自分がいじめられていなくても止めるために行動すること。学校も毅然とした対応をとること。でも教育委員会は加害者を出席停止にはしなくてよろしい。毅然とした対応のできなかった教師を罰すればよい。我々も社会の批判を受けるような提言はしたくないので、対応の例示は甘めのものにしておきます」

私が怒りに震えた理由をお分かりになっていただけたでしょうか（その後、安倍総理の強い意向により「出席停止」が盛り込まれ、第一次報告は多少ましなものになったことを申し添えておきます）。

優しいだけでは何も変わらない

「いじめ」に関する議論が錯綜しています。

これをきちんと整理しておかなければ、またしても学校はおかしな方向に流れていくでしょう。

思い返せば、「ゆとり教育」が力をもち始めたのは、不登校の大量発生がきっかけでした。何の検証もされないままに管理的な学校や偏差値が不登校大量発生の原因であると断罪され、校則を緩《ゆる》め、教科書を薄くし、授業時間数を減らし、偏差値を用いた進路指導を否定し、ひたすら「ぬるい」学校作りに励んだのが「新学力観」や「ゆとり教育」でした。

お陰で、公立学校に通う子ども達の学力や体力はすっかり落ちました。

子どもの学力や体力が落ちている事実を世間に知らせ、ゆとり教育と決別しようという国民的コンセンサスを得るのに二〇年の歳月を要しました（教育再生会議が第一次報告でゆとり教育との決別を明言したのは素晴らしいことです。もちろん、これにも首相の強い要望があったようですが）。

日本人は本当に心優しい国民です。可哀想な人々がいると、全員で何とかしてあげようと思う。学校をもっと居心地のよいところにすれば、不登校の子ども達も来られるんじゃないか、と思ったのは無理もありません。

このような優しさは、いじめ問題でも全開で発揮されています。

「いじめは被害者も辛いが加害者も苦しんでいる。加害者もある意味被害者である。だから、いじめのない学校を実現するためには……」

「……」に好き勝手な主張（但し「ぬるめ」であること）を入れれば、大抵の「いじめ論」の出来上がりです。

「いじめのない学校を実現するためには、『命の大切さ』を子ども達に教える必要がある」

「いじめのない学校を実現するためには、『一人一人がかけがえのない存在であること』を教えなければならない」

「いじめのない学校を実現するためには、『子ども達が学校で受けている抑圧』を取り除いてやらなければならない」等々。

巷《ちまた》にあふれるいじめ論の半分くらいはこのレベルです。

一方、この対極に、脳軟化の始まった保守系文化人やテレビタレント達の主張があります。

「いじめの元凶は教師の聖職性を否定した日教組である。昔のように人を敬う心を育てれば、ひどいいじめは自然となくなる」（ある討論番組で、延々とこの主張を繰り返す人がいました）

「昔はガキ大将がいて、いじめがあっても適当なところで制止したものだ。ガキ大将を育てるシステムを作れば、自殺に至るようないじめはなくなる」（中高年文化人とタレントが数人でこういう話をしていました）

「いじめはどんな社会にもある。それでも昔は自殺なんかしなかった。自殺するのは弱いからで、鍛えればよい」（比較的マッチョなタレントや政治家に多い主張です）

私も、酒を飲んだ際にはこの手の話に付き合います。実際これらの主張は一面の真実を突いており、それゆえ人口に膾炙《かいしゃ》するのでしょう。

しかし、何万人という子ども達が校内で犯罪被害者になり、自分で命を絶つ子どもまであらわれている時に、このような主張がメディアで撒《ま》き散らされ、政府から不道徳この上ない提言が出される現実を見過ごす訳にはいきません。

自分の能力の及ぶ限り議論を整理・解説し、我が国の「いじめ議論」のレベルを引き上げ、早急に現実的な対応をとらなければなりません。

それが、一般社会では到底許されない校内犯罪が蔓延《まんえん》する学校に通いつづけなければならない子ども達に対する、大人の責任だと思うのです。

第二章　スクールカーストで「いじめ」を把握する

今のいじめと昔のいじめは違うのか

本章では、現在学校で起こっている「いじめ」と総称される事象がどのようなものであるかを明らかにします。

「いじめ」に関する本を何冊かお読みになった方は既に何度も目にしたことと思いますが、現在のいじめは、昔と違って誰もが加害者になる可能性と被害者になる可能性を持っている、と言われています。

例えば東京都児童相談センター心理司の山脇由貴子氏は『教室の悪魔』（二〇〇六年、ポプラ社）の中でこのように主張しています。

「いじめというのは、特定の個人に起こる問題ではない。いじめられる側に原因があるからいじめられるのでもない。誰でも被害者になり得るし、誰でも加害者になり得る。いじめは循環する。些細なきっかけで、そのターゲットは替わり、次々と移行してゆくのだ。だから、いじめ被害の体験があると同時に、加害者になった体験もあるという子は実は非常に多い。現代のいじめに、理由はない。だから被害者と加害者の地位は簡単に入れ替わる」。そのうえ、「一度いじめが始まると、そこに存在する全員が参加することを強要される」という残酷なものです。

山脇氏の言をまるまる信じるならば、今のいじめは「教室の悪魔」と呼ぶしかない異様な力がクラス中に猛威を振るう「地獄」であり、まさしく異常事態ということになります。

そして、その「地獄」がどこにでも出現するのが現代の学校です。このような酷《ひど》い現実を生きている児童・生徒に対して、昔のいじめしか知らない大人が、

「いじめはどんな社会にもある」

「いじめられっ子が自殺するのは弱いからだ」

「いじめられる者にも原因がある」

というのは、許されざる発言ということになります。

しかし、このような現場発の「今のいじめと昔のいじめは違う」という主張（私はこれを「今時のいじめ」論と呼びます）と、それに基づく「いじめられる側には何の問題もない。一〇〇％いじめる方が悪い」論には、致命的な弱点があります。

それは、いじめ現場の住人である子ども達から、全く支持されていないということです。

二〇〇六年末にいじめ自殺が多発したのを受けて、多くのメディアで緊急特集・緊急特別番組が組まれました。その中でも出色だったのが、人気グループＳＭＡＰがメインでヤンキー先生こと義家弘介氏がゲスト出演する『ＳＭＡＰ×ＳＭＡＰ特別編～いまいじめている君へ…～』（二〇〇七年一月八日放送）でした。

スタジオには一三四人の小中学生が集まりました。そこで彼らに、

「いじめられる方にも問題があるか」

という質問をしたところ、なんと一三四人中一〇二人の子ども達が「はい」と答えたのです。義家氏は相当ショックを受けたのか、子ども相手にキレていましたが、子ども

達には全く想いが届かなかったようです。

同じような結果は、別の調査でもよく出ます。

いじめ撲滅を目指すNPO法人「ジェントルハートプロジェクト」が全国一万三〇〇〇人の小中高生に行ったアンケート調査では、

「いじめられても仕方のない子はいるか」

という質問に「いいえ（つまり、いじめられても仕方のない子なんていない）」という答えは、小学生ではかろうじて半数を超えましたが、中学生では四割を切りました（毎日新聞、二〇〇六年一一月七日）。

いじめの現場に精通しているはずの人達と、いじめの現場に生きている子ども達の受け取り方が全く異なっている。これは、「教育」によって是正できるものではありません。その証拠に、学年が上がって教育を受ければ受けるほど（「いじめの正しい捉え方」を聞かされれば聞かされるほど）、いじめ関係者にとって嬉しくないアンケート結果が出ています。

山脇氏にしても、「ジェントルハートプロジェクト」の人達にしても、いや「いじめ問題」に関わる圧倒的多数の人々は、いじめがこの社会からなくなればよいと心から願って活動しているのだと思います。そして、日々「いじめ被害者」と向き合う中で、「いじめられても仕方のない子なんていない」「いじめられる方にも原因があるという考えは間違いだ」と、心から思っていらっしゃるはずです。

また、「いじめは絶対に許されない」「いじめられる方も悪いという考えは誤りだ」という主張は、文部科学省の公式見解でもあります。ですから、第一章で紹介した教育再生会議の緊急提言も、「今時のいじめ」論に立脚して提言をしたのです。

しかし、私は、「今時のいじめ」論は子ども達が学校生活の中で日々付き合っている「いじめ」という現象のほんの一部しか見ていないのではないか、だから、子どもたちの感覚と（そして、「今のいじめの現実を知らない」とされている大人たちの感覚とも）ずれた主張を生んでいるのだ、と思っています。

さらに付け加えるなら、自殺に至るような「激しいいじめ」だけに議論を絞っても、「今時のいじめ」論はやはり現実を表していません。

先程の「ジェントルハートプロジェクト」で理事をされている武田さち子氏の著作

『あなたは子どもの心と命を守れますか！』（二〇〇四年、WAVE出版）には、一九八六年二月から二〇〇三年五月までに起きた「いじめ自殺」七一件が詳細に紹介されていますが、その中で、クラスの多数が参加した（全員参加とは限らない）いじめは一四件しかありません。残りの五七件では、加害者の数はせいぜい四～五人です。自殺に至るハードないじめは、数人によって行われる方が多いのです。全員参加のいじめの方がニュースバリューが高いので人々の印象に残りますが、印象に騙《だま》されてはいけません。

いじめを理解するための理念型分類

どんな事象であれ、特定の時代の政治的・道徳的に「正しい理解」が事実を把握しているとは限りません。むしろ、その硬直性が適切な把握を阻害することだってあるのです。特に昨今の教育界は、「科学的正しさ」よりも「政治的正しさ」を重視する傾向が甚《はなは》だしいようです。

適切な実態把握は、適切な施策の大前提です。これまでのいじめ施策が全く無力だったのは、いじめの「正しい理解」という硬直した考え方（いわゆる「べき論」）から事実を把握しようとするからではないでしょうか。

「正しい理解」は、それを信奉する人に特権意識と知的怠慢を与えます。その姿勢を改め、色眼鏡をはずしていじめの実態を把握しない限り、今後、政府や自治体から打ち出される施策は、学校現場に悪影響しか与えないでしょう。

いじめの「正しい理解」から脱却し、いじめ現場に生きる子どもの感覚を理解すること（但し、共感する必要はありません。まず子どもの感覚を理解した上でそれを是正する必要があるのです）。それが、子どもを救う「いじめ対策」の第一歩です。

学校のいじめは、本当のところどうなっているのでしょう。

「いじめ」と呼ばれている現象には、被害者が自殺に至るようなハードなものから、日常生活の中で起きる些細ないさかいまで、様々なものがあります。

「教室の悪魔」タイプのいじめが存在することは事実です。しかし、いじめはそれだけではありません。現実に学校で起きているいじめは極めて多様です。その点に着目して、効果的ないじめ対策をとるためにはまず「いじめ」と総称されている事象を分類して把握する必要がある、と主張するのが、国際基督教大学教授の藤田英典氏です。

藤田氏は、「いじめ」と呼ばれている現象を、次の四つの理念型に分類しています（岩波新書『教育改革――共生時代の学校づくり――』）。

タイプⅠ　集団のモラルが混乱・低下している状況（アノミー的状況）で起こる。

タイプⅡ　なんらかの社会的な偏見や差別に根ざすもので、基本的には〈異質性〉排除の論理で展開する。

タイプⅢ　一定の持続性をもった閉じた集団のなかで起こる（いじめの対象になるのは集団の構成員）。

タイプⅣ　特定の個人や集団がなんらかの接点をもつ個人にくりかえし暴力を加え、あるいは、恐喝の対象にする。

いじめの構造を言葉だけで把握するのは困難だと思われるので、筆者の独断によって藤田分類を図示してみました（次頁図表1「理念型藤田モデル」）。

図表1　理念型藤田モデル

●加害者1（恒常的な加害者）

◎被害者（恒常的な被害者）

■加害者2（状況により被害者にもなる）

□中立者（加害者にも被害者にもならない）

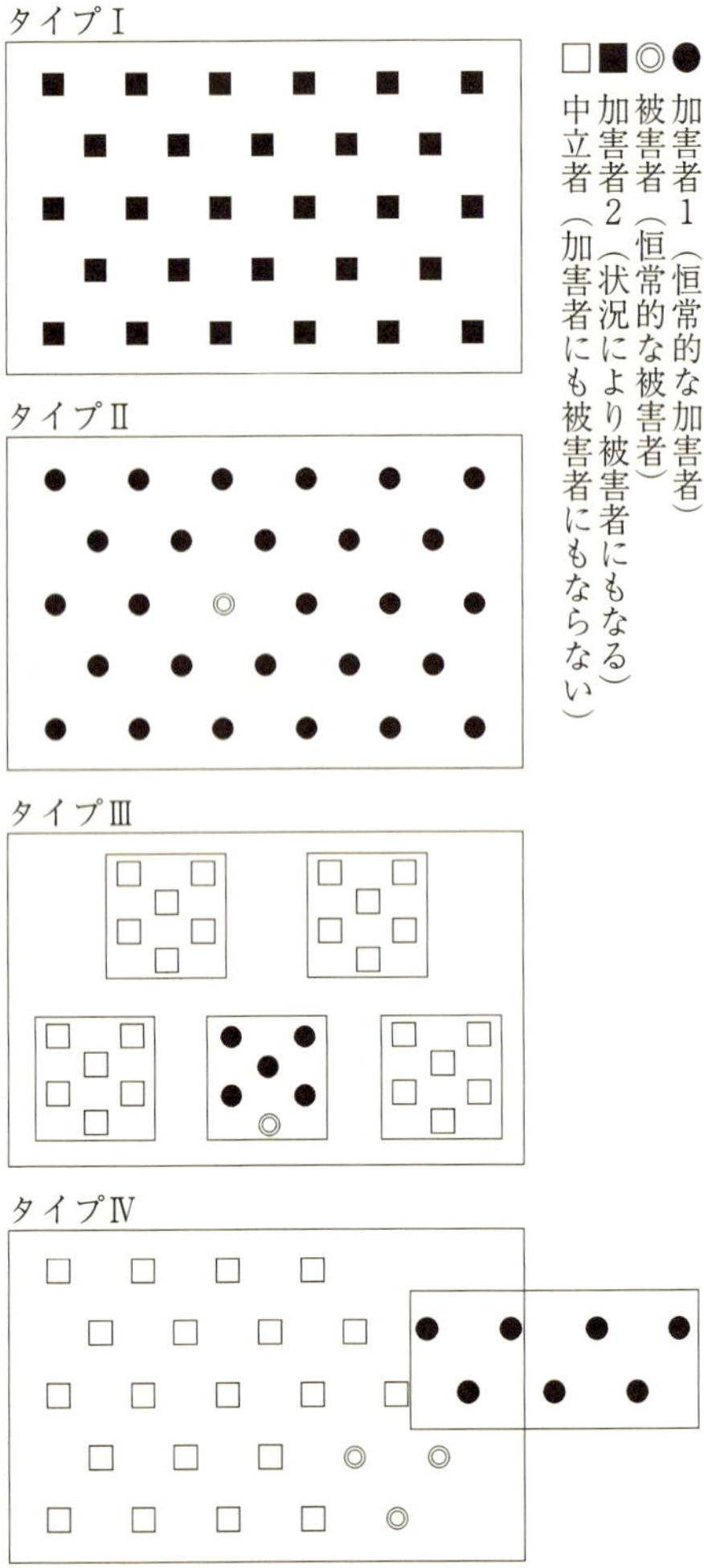

それぞれ、次のような事例が実際に起きています。

ケース1　タイプI型

Yのクラスでは H がいじめられていた。Hがいじめられ始めた理由は不明である。朝からクラス全員でHを無視する、教科書を塗りつぶす、ノートを破る。体育着や上履《うわば》きをトイレの便器に入れるなど、かなりハードないじめである。Yもいやいやながらこのいじめに参加していた。しかし、ある日クラス全員が順番にHに「死ね」と言うという話になり、Yは自分の順番になったがどうしても言えなかった。次の日、Hが笑いながらYに近づいてきて「お前、キモイんだよ。死ねよ」と言った。いじめの対象者がHからYに替わったのである（『教室の悪魔』より）。

ケース2　タイプII型

軽度の情緒障害がある女子生徒Mは、中二の秋から男子生徒A・Bに「髪の毛がきたない」「服装がきたない」と言って足をけられるなどのいじめを受けていた。そのうちの一人はその後も暴力・言葉の両方でいじめを続けた。中三の秋になってMの親はいじめをやめてほしいと教頭に電話で訴え、生活担当教師が一部の生徒（A・Bとは別の生徒）を家庭訪問して指導していた。中三の一一月に女子生徒C・Dが男子生徒A・Bと帰宅する際にMと出会い、四人で二〇〜三〇分間にわたり、頭部や腰、背中などをけりつづけた。その場でMは意識を失い、六日後に死亡。その後の調査で学年全体の三分の一がMをいじめていたことが判明（『あなたは子どもの心と命を守れますか！』より）。

ケース3　タイプⅢ型

Kは大阪のO大附属高校に入学し柔道部に入ったが、選手になれず挫折・退部する。屈折した感情を同じグループのE・Fをいじめることで晴らしていた。しかも、直接手を下すよりもグループ内の手下G・Hに実行させることが多かった。KはE・Fに自転車泥棒などもさせていた。また、日頃からE・Fに対しては「警官になりたいが、無理ならヤクザになる」「いじめを告げ口すればお前の家に火をつけ、親を殺し、お前を苦しめたうえで殺す」と話していた。結局、このいじめは、思い余ったE・FがKを誘い出して報復殺人する、という形で終了する（O大附属高校いじめ報復殺人事件）。

ケース4　タイプⅣ型

愛知県名古屋市の市立中学に通うPは、二年生の時にQ・Rが一〇人余りの同級生に暴行を加えているところを目撃して恐怖にかられる。Q・Rから「五〇〇〇円を貸してくれ」と言われてすぐに差し出す。三年になり、Q達にイカサマ賭けマージャンのカモにされるようになる。秋頃から市内の不良グループで「簡単に金をとれる奴」と評判になり、暴力団関係者を頂点にした恐喝グループが構成される。彼らは毎日のようにPから脅し取った金でタクシーを利用し、パチンコやカラオケに通いつめた。被害総額は数千万円にのぼり、一五歳から一八歳までの少年一五人が逮捕、書類送検された（二〇〇〇年四月にマスメディアを賑《にぎ》わした「いじめ」事件）。

このように、「いじめ」と総称されている事象は多種多様であり、けっして「被害者と加害者の地位が簡単に入れ替わる今時のいじめ」だけが起きているのではありません。

それはいじめの一態様（タイプⅠの「アノミー型」）に過ぎないのです。

藤田氏の四類型以外にも、

①ニワトリのつつき順位型いじめ
②みにくいアヒルの子型いじめ
③非行型いじめ

の三類型に分類する論者もいます。しかし、藤田分類では概《おおむ》ねタイプⅢがニワトリのつつき順位型、タイプⅡがみにくいアヒルの子型、タイプⅣが非行型に該当すると思われるので、「今時のいじめ」と呼ばれる「アノミー型」を加えた藤田分類の方が、現代のいじめ現象を読み解く道具としては適切でしょう。

実際、藤田分類を利用するならば、最近のいじめと昔のいじめで質が異なるのではなく、

「最近はタイプⅠのいじめが増えている」

あるいは、

「最近、『児童相談ヤンター』に持ち込まれるような深刻ないじめはタイプIが多い」と述べる方がより適切な表現であると簡単に理解できます。

自己主張力と共感力と同調力がスクールカーストを左右する

ただし、藤田氏の分類はあくまで理念型です。

理念型とは、現実から学術的把握のために要素だけを抽出して純化したものですから、むしろ不純物を混ぜた方が、いじめの現実をイメージしやすくなります。

さらに、この「いじめモデル」に一層のリアリティを持たせるために、筆者は「スクールカースト（クラス内ステイタス）」という概念を導入しました。それが次頁の図表2です。本書ではこれを、藤田氏に敬意を表して「修正藤田モデル」と呼ぶことにします（但し、このモデルの考案・使用についてのあらゆる責任は筆者＝森口にあることを付言しておきます）。

スクールカーストとは、クラス内のステイタスを表す言葉として、近年若者たちの間

図表2　修正藤田モデル

●加害者1（恒常的な加害者）
◎被害者（恒常的な被害者）
■加害者2（状況により被害者にもなる）
□中立者（加害者にも被害者にもならない）

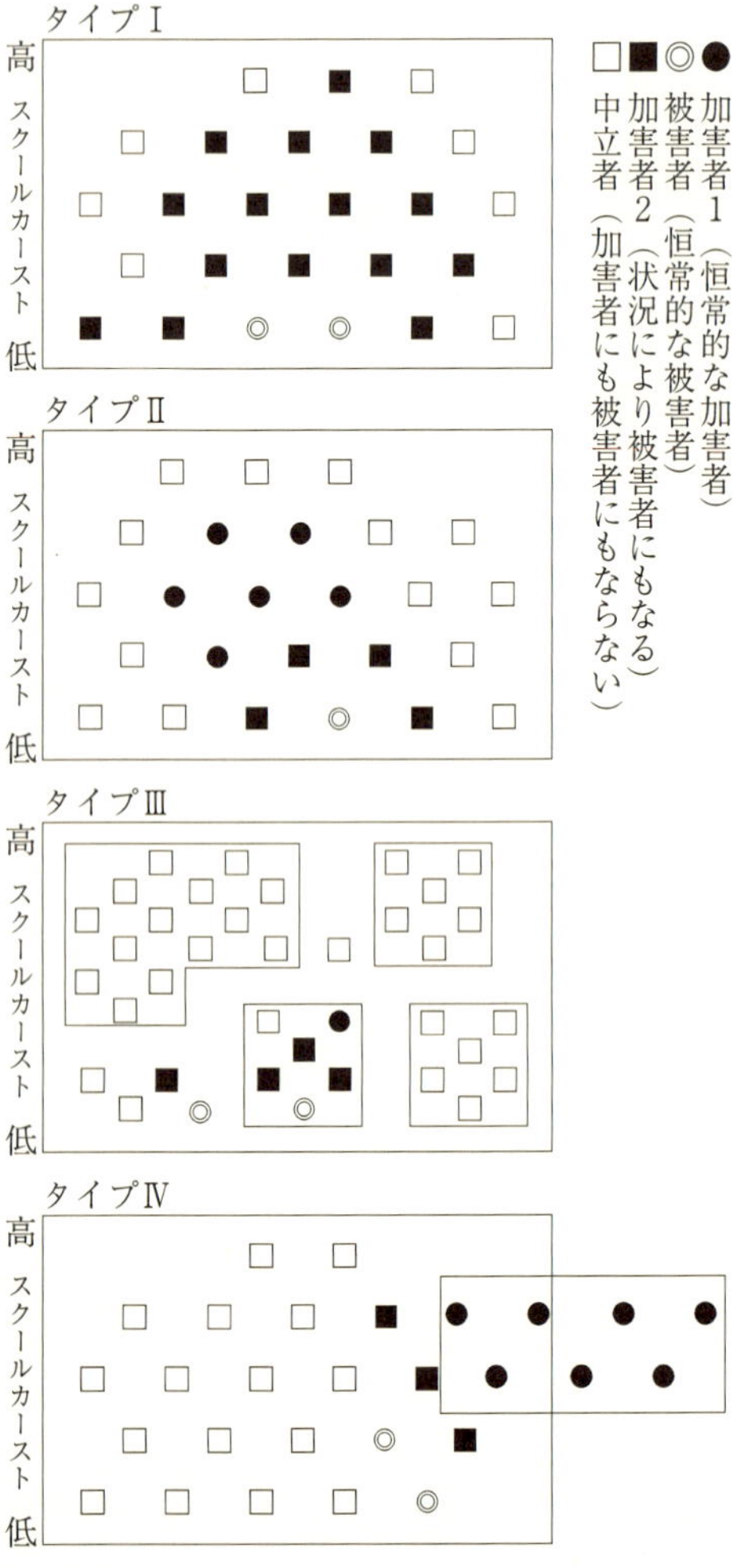

で定着しつつある言葉です。従来と異なるのは、ステイタスの決定要因が、人気やモテるか否かという点であることです。上位から「一軍・二軍・三軍」「A・B・C」などと呼ばれます。

もちろんこの言葉は、日本で一般的に使われる「カースト」の誤った用法が前提になっており、正確な使い方ではありませんが、次の理由から、「クラス内ステイタス」ではなく「スクールカースト」という言葉を使うこととします。

①子ども達が使っている言葉をそのまま使うことで、子ども達と概念を共有でき、将来、モデルの妥当性を検証することを容易にする。

②「クラス内ステイタス」という言葉は、学力や運動能力が大きなウエイトを占めるイメージを大人に与えるが、スクールカーストを決定する最大要因は「コミュニケーション能力」だと考えられている（但し、高校の場合は学校のレベルにより学力や喧嘩の強さも大きな要因となる）。

子ども達は、中学や高校に入学した際やクラス分けがあった際に、各人のコミュニケーション能力、運動能力、容姿等を測りながら、最初の一〜二ヶ月は自分のクラスでのポジションを探ります。

この時に高いポジション取りに成功した者は、一年間「いじめ」被害に遭うリスクから免れます。逆に低いポジションしか獲得できなかった者は、ハイリスクな一年を過ごすことを余儀なくされます。

「今時のいじめ」論が、従来いじめられるタイプでなかった子ども達（武道をやっている子、喧嘩の強い子）もいじめられていることを自説の根拠としている場合がありますが、スクールカーストから見れば当然の帰結です。いくら腕っ節が強くても、コミュニケーション能力が低いために高いポジションを取れなければ、「シカト」というコミュニケーション系いじめを受けるリスクは当然高くなるのです。

私は、ここでのコミュニケーション能力とは、「自己主張力」「共感力」「同調力」の三次元マトリクスで決定されると考えています。

自己主張をしなければリーダーシップをとることはできませんが、他者と相互に共感

図表3　コミュニケーション能力の高低によるクラス内地位

自己主張力	共感力	同調力：高い	同調力：低い
高い	高い	スーパーリーダー	栄光ある孤立
高い	低い	残酷なリーダー いじめ首謀者候補	「自己中」 被害者リスク大
低い	高い	人望あるサブリーダー	「いい奴なんだけど…」 被害者リスク中
低い	低い	お調子者 いじられキャラ いじめ脇役候補	「何を考えているんだか…」 被害者リスク大

する力（共感力）がなければ人望を得られず、自己主張も空回りしてしまいます。また、クラスのノリ（空気）に同調し、場合によっては空気を作っていく力（同調力）は、クラスを生き抜く上で不可欠な力です。

三つの総合力（コミュニケーション能力）を主因としてスクールカーストが決定されますが、スクールカーストは単に高低だけでなく、各人のキャラクターに応じてそれぞれに期待される役割を与えます。

図表3は、「自己主張力」「共感力」「同調力」の高低によりクラスで占めがちなポジションを表したものです。もち

ろん一例に過ぎませんが、どの子がいじめに遭いやすいかの判断には使えるでしょう。「今時のいじめ」論は、「誰でもいじめに遭う可能性がある」と言います。しかし、それは「誰でも交通事故に遭う可能性がある」という主張に似ています。事実ではありますが、何一つ内容がありません。どのような行動が交通事故のリスクを増加させ、あるいは低下させるのかを考えることが大事なのです。

よりリアルなモデルによるいじめの解明

さて、この修正藤田モデルを想定することで、「何故半数以上の子ども達がいじめられる方にも理由があると思っているのか」「何故多くの子ども達がいじめを見て見ぬふりをするのか」が理解できます。

修正藤田モデルの各タイプの説明をしながら、解明してみましょう。

修正タイプIは、いじめ被害者の心のケアをしている人たちが「今時のいじめ」と主張するものの実態です。

確かに、多くの子ども達が「被害者にも加害者にもなりうる」ポジションにいます(■)。彼らは、被害者・加害者だけでなく、状況によっては観客にもなります。しかし、凛《りん》として「いじめ」から距離を置く子どもも存在します(□)。一概には言えませんが、■と□では、一般的に□の方がスクールカーストが高い場合が多いでしょう。また、いじめには大抵の場合に首謀者がいて、いじめ集団の中の強者である子が被害者になることはほとんどありません(●)。逆にいじめ集団の中には、圧倒的な弱者が存在することも少なくありません。彼らは常にいじめられ役に甘んじています(◎)。

さて、修正タイプIにおいて□に位置する者からすれば、■がいじめられた場合には「自業自得」に映ります。◎に対しても、よほど「強者の優しさ」が備わっていない限り同情を持ちません。下位カーストにも□がいる限り、◎に甘んじているのは「自己責任」という訳です。

しかし、■から見たいじめの姿はこれとは異なります。「いじめなければいじめられる」と感じている彼らの中には、「いじめられるのに理由なんてない」と思う子どももいるでしょう。でも、□の存在を認めて「(優柔不断な自分も含め)いじめられる者(■、

◎）にも理由がある」と感じる子どもや、自分の加害行為を正当化するために「いじめられる者（◎）にも理由がある」と考える子どももいます。

修正タイプⅡは、差別に基づくいじめです。理念型と異なり被差別者を下に置いたのは、いじめられる状態そのものがスクールカーストを下降させるからです。但し、現実の彼らが学力や運動能力などで劣っているとは限りません。

学力が低い、運動能力が低い、親の育児放棄のために不潔、といった古典的な理由で差別を受ける場合もありますが、帰国子女で英語の発音が良すぎる、親がその学校に不釣合いなほど金持ちである等が理由でいじめの標的になることも少なくありません。

差別されているのは◎ですが、その近辺には同じように差別される可能性を持つ■もいます。

修正タイプⅡのいじめにも、もちろん参加しない□はいます。修正タイプⅠよりも不参加に勇気がいらないので、参加しない子どもは多いはずです。

修正タイプⅡの場合、子ども達が「いじめられる方にも原因がある」と感じるかどうかは、差別の理由によります。家庭の貧困や低学力などの古典的差別の場合はいじめを不当と感じる子もいますが、被害者が帰国子女で、スクールカーストに比較して自己主張が強すぎる場合など、いじめを正当と感じることが多いでしょう。

修正タイプⅢは、おそらく最も一般的ないじめの事例ではないかと思います。というのは、子ども達は通常、グループに分かれて過ごしているからです（「ちびまる子ちゃん」や「サザエさん」のカツオ君を想像してください）。いじめは、ある意味で濃厚な人間関係だといえます。とすれば、いじめに繋がる人間関係も、多くの場合グループ内に限られるのです。

スクールカーストが上位の子どもほどグループ間を容易に移動できるので、いじめのターゲットになりにくく、結果的にスクールカーストの高いグループ内ではいじめは発生しにくくなります。これに対し、スクールカーストの低い子どもは容易にグループを移動できません。移動先が彼を受け容れてくれないからです。それゆえ、スクールカーストの低いグループ内ほどいじめが発生しやすくなります。

しかし、子どもの視線からは、いじめられてもそのグループを離脱しないいじめられっ子は「自業自得」に映ります。では簡単にグループを移れるかといえば、そうではありません。いじめられたら群れから離れて孤独に耐えるというのが、子ども達が描く「あるべきいじめ被害者の姿＝作法」なのです。それをせずに群れに残っているのだから「自業自得」と映るのです。

また、グループ内の人間関係は小規模な修正タイプⅠの場合が多く、いじめリーダーの気分によって、加害者から被害者に地位が入れ替わります。しかし、いじめリーダーと力が拮抗している場合は、いじめに加わらないという選択も可能となります。

修正タイプⅣは、都会の下町や地方都市によく見られるタイプです。クラスの枠組みを超えた不良グループが存在し、そのメンバーがクラスの弱者をターゲットにしていじめを繰り返します。その態様は、暴行・恐喝など悪質な場合が少なくありません。修正モデルの理念型モデルとの違いは、不良グループが決して閉じられた社会ではないということです。■は基本的には被害者ですが、不良グループに加入することで加害者に地位を転換することが可能です。しかし、スクールカーストが低すぎると、不良グループに入ることさえできません。多数派である□からすれば、◎は純粋な被害者ですが、■（不良グループに入っていないが不良っぽくて喧嘩が弱い子）がいじめられていても「自業自得」

に映ります。

子ども達は、小学校一年生から高校三年生までの一二年間で、修正タイプⅠから修正タイプⅣまで様々なタイプのいじめに出会います。そして、スクールカーストの高低とキャラクターに応じて、◎□■●など様々な役割を演じます。

「いじめられる者にも原因がある」

それは、様々な役割を演じてきた彼らの実感なのです。

子ども達は何故見て見ぬふりをするのか

次に、何故多くの子ども達がいじめを見て見ぬふりをするのかについて、修正藤田モデルを利用して考えてみましょう。

見て見ぬふりをする子ども達は、当然現在いじめに関与していないのですから、修正タイプⅠ〜修正タイプⅣのいずれにおいても中立者□です（場合によっては■の一部も含まれます）。

中立者□が、いじめが行われている集団の主導的立場にある者●よりもスクールカーストにおいて下位にある場合、いじめを止めに入ることはほとんど期待できませんし、先生への密告がばれると一気に被害者◎になる危険性があります。◎になることは、「いじめ」という実害があるだけでなく、スクールカースト最下位への転落を意味します。スクールカーストの転落は、誰もが絶対に避けたいことです（群れで生きるヒトの本能です）。結局、彼にできることは◎を慰めることくらいですが、それも●の目の届かないところで行わなければなりません。

これに対して、□が●よりもスクールカーストにおいて優位にある場合は、いじめを止めることが可能かもしれません。しかし、単独ならば優位でも、●には大勢の雷同者■がおり、いじめを止められる可能性は一〇〇％ではありません。それどころか、多勢に無勢で返り討ちにあえば、やはり◎になる危険性もゼロではないのです。さらに修正タイプⅣの場合は、●のスクールカーストが高くなくても背後に暴力組織（暴走族や暴力団）がいる可能性があるので、校外で意趣返しに遭う可能性があります。これら少なくないリスクに比較して、□が得られるリターンは自尊心だけです。

図表4　中立者が採る4つの行動パターンとメリット・デメリット

	メリット	メリットの内容	デメリット	デメリットの内容
救済者	2	・自尊心の確立 ・スクールカーストの上昇（大）	3	・新たないじめの標的 ・スクールカーストの下降（失敗した場合）
密告者	1	・教員評価の上昇	2	・新たないじめの標的 ・スクールカーストの下降
慰撫者	1 または 0	・自尊心の確立	1 または 0	・新たないじめの標的 (可能性小)
傍観者	1	・いじめ集団との距離確保	ほぼ 0	・新たないじめの標的 (可能性最小)

※　3が最大で0が最小。

さらに、先生への密告は、それ自体がスクールカーストの低い者に似合う行為なので、□のプライドが許しません。密告するという行為そのものが□のスクールカーストを低下させる可能性もゼロではありません。ただ、◎への慰めは比較的堂々とできると思われます。

結局のところ、□にとっては「見て見ぬふり」か「慰める」がクラス内における最も合理的な行動ということになります。

図表4は、中立者が採る四つの行動パターンを、メリットとデメリットの面から分析したものです。メリットとデメリットを数値化し、その内容を数値の横に記しました。もちろん、どのような行動にどのようなメリット、デメリットを感じるかは

各人の主観的評価＝個性の問題ですが、いじめが行われている現場においてほとんどの者が傍観者のポジションを採ることを考慮すれば、この図表は決して平均像から外れたものではないと思います。そして、平均的な子ども達に非合理な行動を強制する「見て見ぬふり＝加害者」論が彼らの心に響くとは、私にはとても思えないのです。

被害者の言い分としての「今時のいじめ」論

現実に起こっているいじめは多種多様で、それぞれに個性的です。どのような理論も、現実のいじめ事例を抽象化して捉えるかぎり、いじめ現場の雰囲気までを完全に捉えることは不可能です（これはあらゆる理論に当てはまる限界です）。それでも、本書で提示した修正藤田モデルによるいじめ理解は、現段階における理解としてもっとも実態に即したものであり、山脇由貴子氏をはじめ多くの方々が主張する「今時のいじめ」論とは比較にならないほど現実的です。

「今時のいじめ」論は、山脇氏のようにいじめの被害者のケアを仕事にされている方やいじめの被害者の親たちからなされる主張です（文部科学省も、専門家や被害者に押し切られる形でこれを採用しました）。

何故、子ども達の実感と乖離《かいり》しているこのような主張を多くの専門家達が採用するのか、何故、被害者の親達にこの主張が受け容れられ、「正しい理解」として大きな力になったのかを考えてみましょう。

これも、修正藤田モデルに基づいて考えると容易に理解できます。

その前に、「今時のいじめ」論を整理しておきましょう。イメージは、理念型藤田モデルのタイプIです。よく言われる特徴は、

①加害者と被害者の立場は、何かのきっかけで容易に入れ替わる（全員が■である）。

②傍観者であることが許されず、いじめる側に加わらないといじめられる（全員■からの帰結）。

③いじめは被害者に原因はまったくなく、一〇〇%いじめる側が悪い（①②からの帰結?）。

になろうかと思います。

これは、いじめ被害者側の言い分としてはよく理解できます。

いじめ被害者は、◎（恒常的な被害者）か■（状況により被害者にもなる加害者）に位置しています。いじめ被害者の相談にのる人たち（児童相談センターの心理司や民間の臨床心理士、精神科医、弁護士等）は、当たり前ですが被害者からの話をまず聞きます。人によっては、事実把握のために他の立場にある者の意見も聞くでしょうが、あくまで被害者側に立って考えるのが彼らの職務です。

では、いじめ被害者から見たいじめはどのように映り、彼らはどう証言するでしょうか。

■から見ていきましょう。

まず、修正タイプⅠ。

加害者経験のある■は、他にも■が大勢いることで、

「いじめは全員参加で行われていた」「皆やっていた」と証言します。全員がやってい

なくても、大勢の人間が悪事をしていれば、その一員は「皆やっている」と主張するものです。

また、■の立場からすれば、「いじめなければいじめられる」という主張は、当初の自分の行動（いじめに参加していた、又はいじめをはやしたてていた）を正当化するにも好都合です。かくして□の存在は意識の外に追いやられ、修正タイプⅠ（現実型）は理念型タイプⅠに読み替えられます。

修正タイプⅡはどうでしょうか。

この場合も、■の立場からすると同様のことが言えます。

「最初は『○○君（◎）』がいじめられていたんだけど、いつのまにか標的が自分に替わった」と感じているでしょう。「いじめなければいじめられる」という主張が自分の行動を正当化するのも修正タイプⅠと同様です。

修正タイプⅢでは、■に広い視野があれば、他グループにはいじめがないと認識できます。

他グループの子どもが被害者に冷やかなのは、いじめに加担しているからではなく無関心なだけなのです。しかし、グループ内でいじめられると、被害者にはグループ外の冷ややかな視線さえ自分への敵意に映ってしまいます。

結局、修正タイプⅣ以外の■は「今時のいじめ」論を主張しがち、ということになります。

次に、◎はどうでしょう。◎はいじめの恒常的な被害者ですから、何も他の人間を庇《かば》う必要などありません。■がいじめられるのは自業自得だが、自分は純粋な被害者だと主張すればよいはずです。

しかし、◎がクラスで起きたいじめを理念型タイプⅠと理解することは、自身の傷ついたプライドを癒《いや》す効果があるのです。自分が恒常的ないじめの対象者であると認めることは、スクールカーストの最下位だと認めるに等しい行為です。

自分を低学力だと認めることは容易です。酒場では、毎日のように「自分がいかにバカであるか」の告白合戦が行われています。運動が苦手なことも、喧嘩が弱いことも、少なくともスクールカーストが最下位だと認めるよりは遥かに容易《たやす》いことです。何故なら、先ほども述べたように、スクールカーストとは人気基準でのクラス内ステイタスです。それが最下位であることは、人間性を否定されたような気になるのです。
だから、◎は自分も[redacted]だと思おうとします。そうすれば、いじめられたのは「ただの偶然」になるからです。

いじめられることでスクールカーストは下がる

もちろん、現実には、◎だからといってその人が人間的に魅力がない訳ではありません。そんなことは、大人なら誰だって知っています。スクールカースト決定に大きなウエイトを占めるのはコミュニケーション能力ですが、その中でも同調力は特にカースト決定の大きな要因になります。しかし、大人世界では、同調力だけが高い人間は「薄っぺらな人間」として軽蔑されます。

また、スクールカーストの低さはいじめの対象になるリスクを上げますが、いじめの対象になることでスクールカーストが下がるというように、両者は互いに原因と結果の関係になっています。それゆえ、一度いじめの対象になると悪循環が生じ、中々抜け出せなくなるのです。

いじめは残酷な現実です。だから、いじめ現象をリアルに読み解こうとすると、言動そのものが残酷になってしまいます。

これまで、いじめに言及してきた人達の多くは心優しき人達でした。それがいじめ現象の認識をあいまいにしてきたとすれば、残念でなりません。有効な対策は、現実を直視することからしか生まれません。現実を直視するとは、子どもと同じ目線でこんな酷いことをされた、こんな酷いことを言われたと訴えることだけでは決してありません(それはそれで重要ですが)。

時にはクールに現実を分析するのも大人の責務です。

いじめにクラス内のステイタスが関係していることなど、誰もが判っていたはずです。しかし、ほとんどの人が、いじめ問題を理解する際にその要素に着目しませんでした。

人はみな平等であるという理想が現実を見誤らせた、と言うのは言いすぎでしょうか。

第三章　「いじめ」の発生メカニズムとは

はじめに加害者がいる

すべての「いじめ」は加害者から発生します。時間的には加害者と被害者は同時に存在する訳ですが、論理的には加害者がいるから被害者がいるのです。

ですから、どんな子どもがいじめの加害者になりやすいのかを探れば、いじめを解決する手がかりが得られるはずです。

心理学・精神医学系の論者の間では、それをセルフエスティーム（自尊意識）という概念を利用して読み解こうと考える人が多いようです。

「子どもの心身の健全な発達にはセルフエスティームが不可欠である。虐待などでセルフエスティームの発達に障害のあった児童・生徒がいじめの加害者になる」

このような解説に私は一応の説得力を感じるのですが、残念ながら、セルフエスティーム未発達の原因を虐待などの狭い範囲に限定すると、「どんな社会にもいじめは存在する」という実態と合致しません。

かといって、「厳しすぎる親の躾《しつけ》」のように曖昧な理由にまで原因を求める見解は、厳しい躾のお陰で立派になった人もいれば親に甘やかされて自己中心的な子どもがいじめ加害者になることも少なくない現実と照らしあわすと、「私は厳しい躾に反対だ」という主観的感想の域を出なくなります。

人は何故いじめるのか、という問題については、誰も明確な回答を出せずにいます。そのため、「いじめは本能である」と割り切って論を次の段階に進める人も少なからずいます。

つい最近まで、多くの人がいじめや不登校などの教育病理現象の元凶に指名していたのが、受験戦争や管理教育でした。

この魔女狩りのような一方的理解が、「ゆとり教育」を正当化しました。

「不登校やいじめ、落ちこぼれといった教育病理現象は、受験戦争や管理教育を緩和すれば収まる」。文部省（当時）サイドの本音がどうだったかは判りませんが、少なくともスポークスマンである寺脇研氏はそのように喧伝《けんでん》し、多くの国民や教員の支持を得ました。しかし、学習すべき量を減らせば教育病理現象は解消するとした「ゆとり教育」は、約二〇年間の迷走を経て挫折したのです。

「いじめの発生メカニズムモデル」の必要性

「ゆとり教育＝根治療法」の幻想が崩れた今、いじめの根治療法は次の有力仮説を模索する段階にあります。そして、有力仮説のない現段階においては「対症療法」を中心に議論すべきだ、というのが私の考えです。「いじめの発生メカニズム」が解明されていない段階で根治療法の模索に時間と労力を使うことは、合理的ではありません。

疾病《しっぺい》というのはすべて、発生メカニズムが判明して初めて根治療法が開発されるのです。

水虫の根治療法が可能なのは、水虫が白癬菌《はくせんきん》の繁殖を原因とする感染症であると解明されているからです。それが判らなければ、メントール系のクリームで痒《かゆ》みを止めて足を清潔にしておくなどの対症療法や、塩水につけるなどの経験則に基づく民間治療が主流になるはずです。

残念ながら、教育病理現象としての「いじめ」はその段階なのです。有効な対症療法をミックスして使用し、個別のいじめ解決事例の情報を共有化する。それしか今はできません。

しかし、それとは別に「いじめの発生メカニズム」の解明に取り掛かることは極めて重要な試みです。

精神分析学や心理学は、神秘的要素が多く「心の文学的解釈」という側面があるので（「そういう一派が大きな力を持っているので」というべきでしょうか）、「いじめの発生メカニズム」はいつまでたっても解明できないかもしれません。

それでも、いつかは万人（と言わずとも専門家の半分以上）が賛成し、世論の賛同も得られる「いじめの発生メカニズムモデル」が誕生するかもしれません。そうすれば、その理論に基づいて根本的な対策を考えればよいのです。

もちろん、専門家や世論が「正しい」と思ったからといって必ず正しいわけではありません。ですから、未来の「根本的な対策」も間違っていて、やっぱりいじめを解決できないかもしれない。

その時は、また次のモデルを考えればよいのです。学問や科学というのは、そのようにして進化していくのです。

これまでのいじめを巡る議論の困ったところは、多くの専門家達が論及してきたにも拘《かか》わらず、

「偏差値教育で周りは皆敵になってしまった。これではいじめが起こるのも当然」
「管理教育が子どものストレスを増大させていじめに繋がっている」
「一人っ子が多く、コミュニケーションスキルが磨かれていないことがいじめの原因」
「親の過干渉によって自尊意識が上手く育っていない」

など、原因論が現代の学校や親の教育に対する感想の言い合いに終始し、「発生メカニズムの解明」「発生モデルの提案」へと進化しなかった点です。それゆえ、「ゆとり教育=全ての教育病理現象の根治療法」といった国民的共同幻想を持ってしまったのです。

いじめ問題の根本的な解決を願うのであれば、少なくとも各論者は「いじめの発生メカニズム」についてどんなモデルを想定しているかを明確に示すべきです。しかし、残念ながら私の知る限り、堂々と「いじめの発生メカニズムモデル」を示した人は、明治大学准教授の内藤朝雄氏しかいません。

幸い、内藤氏が『いじめの社会理論』（二〇〇一年、柏書房）において示したモデルは、心理学と社会学を有機的に統合させた説得力のあるものでした。

そこで、本章では内藤モデルを参考に、いじめ加害者の内面を探っていきたいと思います（但し、今から説明する内藤モデルはあくまで筆者＝森口が理解したものです。より正確な概念を知りたい方は、『いじめの社会理論』第二章を参照してください）。

加害者の癒しとしてのいじめ

内藤氏は、多くの人々が有する自尊意識や自己肯定感を、マックス・シェーラー（ドイツの倫理学者）の言を使って次のように表現します。

「高貴な人には（本来、すべての人には＝森口）、おのれの自己価値と存在充足についてのまったく素朴で無反省な意識、しかも彼の現実生活の意識的な各瞬間をたえず充実している闇黒の意識」あるいは「素朴な自己価値感情」があります。

そして、このような「素朴な自己価値感情」は、親との一体感を伴った濃密なコミュニケーション（内藤氏は「情動調律的コミュニケーション」と表現する）によって強化され、自分が何者であるか、学力が高いか低いか、容姿が美しいか醜いか、お金持ちであるか貧しいか等々といった様々な優劣に一切関わらない「無条件的な自己肯定感覚」として個人の内面に取り込まれます。

この「無条件的な自己肯定感覚」は、個人の内面に取り込まれているがゆえに、生涯にわたって様々な瞬間、例えばモーツァルトの音楽を聞いているときや朝の光を浴びたとき、愛している人と一緒にいるとき、病気が回復したときなどにふと姿を現します（意味もなく幸せに感じるあの瞬間・感覚のことです）。ただし、この「無条件的な自己肯定感覚」は本人と完全に一体化しているので、その意識だけを取り出すことは不可能です。

このような「素朴な自己価値感情」「無条件的な自己肯定感覚」を生み出す原初体験

を内藤氏は「α-体験」と呼び、そこから生まれる本来の体験欲求・体験解釈の全体像を「α-体験構造」と呼びます。

人は、成人した後も「α-体験構造」を基礎にして現実社会を生きます。もちろん、現実社会では、自分の欲求が一〇〇%満たされることなどほとんどありません。でも、幼い頃の「α-体験」とそれによって獲得した「無条件的な自己肯定感覚」に支えられて、人は部分的な欲求実現に満足しながら厳しい現実社会を生き抜いていくのです。

また、「α-体験構造」は、否定的な体験に対する抵抗力でもあります。人々は様々な否定的体験＝迫害、拘束、無力感、苦痛、屈辱、不運等に出会った時も、「α-体験」によって培《つちか》われた「無条件的な自己肯定感覚」を支えにすることで、否定的体験をある時はやり過ごし、ある時はそれさえも糧《かて》にして成長していくことができるのです。

ところが、迫害や拘束、それに学校独特の心理的距離の強制的密着（仲良しの強制＝森口）などがあまりに過度になると、その「α-体験構造」自体が破壊されてしまいます。

図表5　β-体験構造模式図

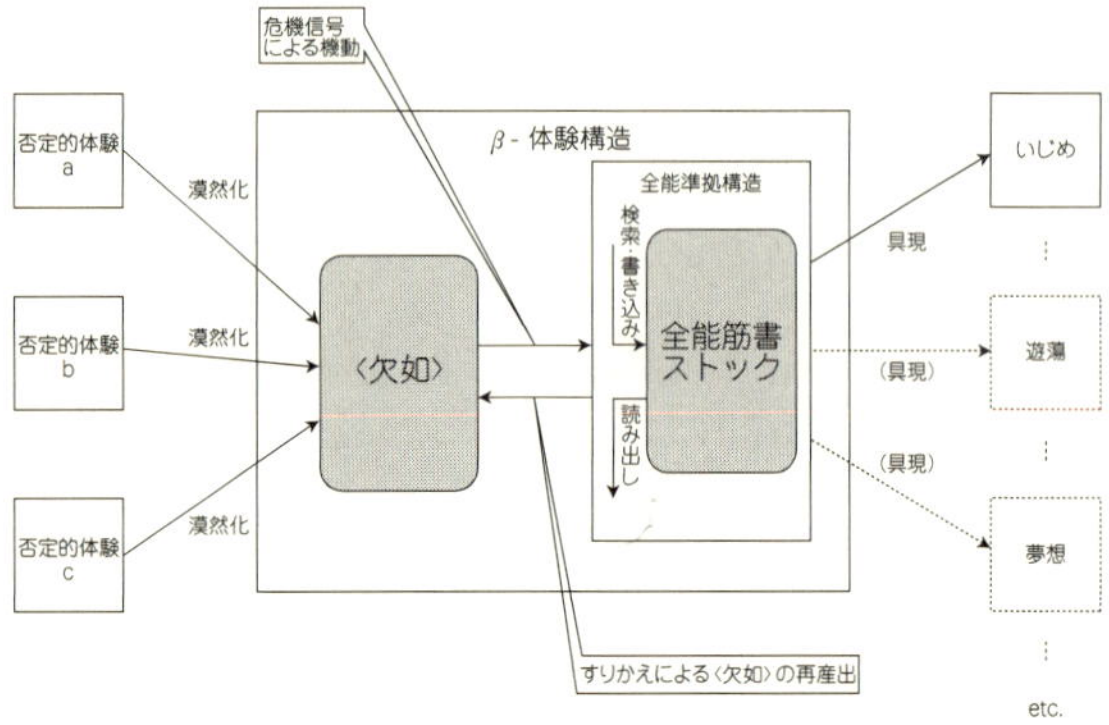

※　内藤朝雄『いじめの社会理論』より

その時に姿を現すのが、「α-体験構造」と似て非なる「β-体験構造」(内藤氏モデルの中核概念) です (図表5『いじめの社会理論』より)。

「α-体験構造」は心の免疫機能も果たしていますので、それが破壊されると、様々な否定的体験を真正面から受け止めることができなくなります。そこで、心の第一次的な防衛機能として、体験にリアリティが失われます (内藤氏はこれを「漠然化」と呼びます)。

次に、漠然化された否定的体験は強烈な精神的飢餓感 (内藤氏はこれを「欠如」と呼びます) を生じさせ、その飢餓感が

「全能欲求」を生み出します。

とは言え、現実の社会で全能者であることなど不可能ですから、「全能欲求」は通常、夢想やゲーム、漫画の主人公への自己投影などで処理されることになります。ただ、ときおり、この「全能欲求」を「いじめ」という行為で具現化しようとする人（いじめの首謀者）が発生してしまうのです。

ですから、いじめの加害者にとって、いじめは同時に「癒し」でもあります。

それゆえ、彼はいじめの被害者が自分の思い通りにいじめられてくれない時には、「癒されるべき自分が癒されない＝被害者」であるかのような憤怒を覚えます。このような怒りは理不尽この上ないものですが、被害者意識に取り憑《つ》かれた加害者は、さらにいじめをグレードアップさせてしまうのです。

加害者の「全能欲求」を満たすいじめには、様々なストーリー（内藤氏はこれを「全能筋書ストック」と呼びます）があります。「主人（加害者）―奴婢《ぬひ》（被害者）」「破壊神（加害者）―崩れ落ちる屠物（被害者）」「遊ぶ神（加害者）―玩具（被害者）」等。

いじめのグレードアップとは、「奴婢」→「屠物」→「玩具」と、被害者をより人間扱いしなくなっていく過程です。

また、「β-体験構造」に基づく全能体験は所詮かりそめの体験に過ぎませんから、「癒し」効果は一時的であり、「精神的飢餓(欠如)=いじめの動機」は常に再生産されます。それゆえ、いじめが自主的に止まることはほとんど期待できません。

非合理な欲求と合理的な現実認識

世の中には、いじめに限らず非合理な行動を「癒し」にしてしまう人が少なくありません。違法薬物やギャンブルなどの依存症患者はその典型です。いじめの加害者が彼らと異なるのは、心の内側には非合理な「全能欲求」を抱えながら、いじめを実行する側面では非常に合理的な利害計算を行っている点です。

覚醒剤依存症の人は覚醒剤を手に入れるためには過大な借金や買春などを当たり前に行いますし、最終的には強盗さえも犯します。ギャンブル依存症の人は、合理的に考えれば勝てるはずのない賭け事に熱中し、最終的には自己破産に至る人が少なくありません。

これに対していじめ加害者は、自分よりも強い者をいじめのターゲットにするような冒険をしません。また、いじめによる暴行死が発生して警察が学校に入るような事態になれば、通常いじめはピタッと止みます。それほど大げさなことでなくても、発覚して処罰されるリスクが高くなると、いじめは一時的におさまる場合がほとんどです。そして、発覚しないか、発覚しても教師に処罰するだけの覚悟がないか、などを慎重に観察しながら、いじめは再開されるのです。その点で、彼らは極めて合理的です。

傷ついた「自己価値感情」を修復するためにどす黒い「全能欲求」を持ち、「いじめ」という卑劣な「癒し」行為でその欲求を満たし、「全能欲求」が満たされないときは逆に被害者意識を持つ。そのくせ現実認識は合理的で、自分よりも弱い者しかターゲットにせず、人目につかないようにいじめを実行する能力を持っている。

以上が、内藤氏が明らかにした「いじめ加害者モデル」の概要です。ちなみに氏は、このような非合理な『全能欲求』と合理的な現実認識のバランスをとって「いじめ」を遂行している加害者の心の動きを、「利害‐全能マッチング」と名づけています。

被害者原因論というタブーへの挑戦

内藤氏の功績は、なんといってもいじめの加害者心理をはじめてモデル化したという点にあります。しかし私は、その点を加味せずとも、内藤モデルには相当な説得力を感じます。それは、以下のような理由からです。

①いじめ首謀者は特定の児童・生徒であるという、多くの教員証言・被害者証言と整合する（但し、精神科医や心理カウンセラーは被害者・加害者の交換可能性を強調します）。

②被害者が思い通りの行動をしなかった際の加害者の理不尽な怒りをうまく説明している。

③虐待を受けた子どもやかつていじめの被害者だった子どもが加害者になりやすいという傾向と、そうは言っても両者に当てはまらない子どもも加害者になるという事象を矛盾なく説明できる（①「α-体験構造」の脆弱性《ぜいじゃく》と②迫害・拘束・無力感・屈辱等の

強さとの関数によって「β‐体験構造」が出現する、と考えれば説明可能です)。

④近年のいじめの傾向とされている「陰湿化」も、「利害‐全能マッチング」から説明できる。

内藤氏は愛知県立東郷高等学校を中退し、山形大学から東大の大学院を経て社会学者になった方です。愛知県は論者によって大きく評価が分かれる教育を実施している県で、私のような学力向上派からすれば日本一の進学実績を誇る素晴らしい県ですが、教職員組合などからは、最も厳しい管理教育を行っている悪名高い県と言われています。

内藤氏も、自身が高校を中退しているので、管理教育には極めて厳しい評価をしています。また、学校の目的にしても、私が重視する「共同体意識の涵養《かんよう》」を、「中間団体による全体主義」として全否定しています。

そのような意味で、私と内藤氏ではおよそ学校に期待するものが正反対なのですが、それでも氏が提示したモデルによって思考することは、「いじめっ子も現代の学校教育の被害者です。だから、単にいじめを非難するのではなく、いじめをする子の気持ちによりそって問題を解決する必要があります」といったセンチメンタリズムに支配されている「いじめ論議」を、ひとつ高い次元に押し上げる効果があるのではないかと期待しています。

「いじめの発生メカニズム」の解明、あるいは「いじめの発生メカニズム」の国民的合意形成、それは根治療法に向けた一歩です。

私は、内藤モデルはその土台になると評価していますが、「いじめの発生メカニズムモデル」のさらなる発展のために、何点か疑問を提示しておきましょう。

一つは、内藤モデルでは「全能欲求」の具現化の一つとしていじめが遊蕩《ゆうとう》や夢想と同列に置かれていますが、どの具現化を選択するかの決定要因が明らかにされていないために、結局のところ加害者が何故いじめたのかが不明です。

ちなみに、私が内藤モデルを採用するとすれば、「β-体験構造」に支配された個人が修正藤田モデルの中でどの役割を演じるかは、スクールカーストといじめ被害者タイプの存在によって決定されると考えます。

つまり、ある子どものスクールカーストがいじめる対象を獲得できるほどに高く、程よい被害者候補がいた場合にのみ、「全能欲求」の具現化として「いじめ」が作動する。そうでない場合には、夢想にふけりがちなために一方的被害者（◎）になる場合もあるし、「全能欲求」を満たせるオタク趣味に走り同趣味の仲間とつるむことで幸せな傍観者（□）として過ごせる可能性もある、と考えています。

いずれにしても、内藤モデルだけでは、「全能欲求」の具現化として何故「いじめ」が選択されるのかは解明できないのです。

次に、内藤モデルでは、「加害者」になりやすいタイプだけが考察されています。これは、内藤氏がいじめを「（加害者になるべくしてなった）加害者vs（たまたまいじめの対象となった）被害者」という単純モデルで考察しているからかもしれません。しかし、被害者にのみなりやすいタイプ（修正藤田モデルの◎）、状況により加害者・被害者のどちらにもなりがちなタイプ（修正藤田モデルの■）が存在することは否定できません。

つまり、いじめを解明するためには、「被害者・加害者」以外の者の行動分析が欠かせません。また、場合によっては「どのような人間がいじめられやすいのか」という、被害者原因論のタブーにも挑戦しなければなりません。

いじめのメリット・デメリット分析

さて、内藤モデルは、いじめ加害者の内面に焦点を当て、その「異常心理」と「異常行動」を分析したものです。内藤氏の考え方の基底には、「ノーマルな状態において人はいじめをしない」という思想が存在します。つまり、内藤モデルにあっては「α - 体験構造」がノーマルで「β - 体験構造」はアブノーマル、「β - 体験構造」に支配されたいじめ加害者は異常状態にある人なのです。

しかし、その異常性は隠蔽《いんぺい》され、表面的には「利害 - 全能マッチング」によって、普通の人間として暮らしています。

そこで、先ほどの内藤モデルへの疑問の一つ、「どのような場合に具現化手段としていじめが選択されるのか」について、メリット・デメリット分析により合理的にいじめが選択されているという仮説が、内藤モデルと矛盾することなく成立します。

では、いじめ加害者のメリットとデメリットはどのようなものでしょうか。

メリット1……スクールカーストの上昇

いじめは一種の示威活動です。次に例示するような状況が存在する場合には、いじめを行うことによって加害者のスクールカーストが上昇することが考えられます。

①いじめ被害者に対する悪意がクラス内に存在する場合。
どんなクラスにも嫌われ者はいます。クラスメイトの多くが、その子への攻撃を本心では望んでいるけれども様々な理由（道徳心がいじめを許さない、嫌われ者よりもスクールカーストが低い、先生に怒られたくない、いじめっ子イメージがつくのを避けたい等）から自制している場合には、いじめの口火を切った加害者に、スクールカーストの上昇という報酬が支払われるでしょう。

②クラス内のモラルが破壊されている場合。

学級崩壊状態でクラス内のモラルが破壊されている場合、子ども達の状態は本能剝《む》き出しですから、サル山のサルのごとく、被害者が嫌われ者でなくてもいじめという示威行動を行うだけでスクールカーストが上昇します。

③加害者を被害者に転換できた場合。

コミュニケーション系いじめで想像するのは困難ですが、暴力系いじめでは、被害者の反撃に加害者が負ける場合があります。普段は「多対一」でいじめていて「一対一」の時に同じ調子でいじめようとし、返り討ちに遭うというのは意外と頻繁に起こります。そうなると、負けた加害者は仲間に見捨てられ、いじめの対象者へと転落します。また、被害者のスクールカーストはその反作用で上昇します。この時に被害者がいじめグループに加われば、通常、倒した相手と同様の地位まで上昇することが可能です。いじめグループに加わらなければ、「分相応」にしか上昇しません。

メリット2……スクールカースト上昇に付随するメリット

いじめることでスクールカーストの上昇に成功した加害者は、日常活動における発言権の増大や人気の獲得など、スクールカースト上昇に付随するメリットも享受できます。

メリット3……その他のメリット

それ以外にも、彼らには様々なメリットがあります。恐喝を行えば金銭が得られますし、被害者をパシリに使えば日常的に何かと便利です。

これら獲得できるメリットに対して、現代の学校では加害者がこうむるデメリットはさほど多くないのですが、一応次のようなものが考えられます。

デメリット1……教員による指導

これは、加害者を特定した個別指導の場合はある程度のデメリットになりますが、ホームルームや道徳の時間を利用した全体指導ならば、加害者の「面の皮の厚さ」によっては、ほとんどデメリットと感じないでしょう。

デメリット2……出席停止など、学校による事実上の懲戒

出席停止は、よほどの不良を除けば、非常に大きなデメリットになります。しかし、残念ながら現在のところ、この措置はほとんど機能していません（平成一七年度四三件）。

デメリット3……警察・司法への引き渡し

近年、警察はかなり積極的にいじめに介入するようになりました。数的には出席停止と同様、デメリットというには少数すぎるのですが、いじめがらみの逮捕は、出席停止と違ってマスメディアで喧伝されますから、威嚇《いかく》効果が大きいでしょう。

デメリット4……スクールカーストの下降

学校と保護者が協力して「あなたを守り隊」や「いじめ撲滅委員会」などを立ち上げ、子ども集団の多数派もそのムードを歓迎している場合には、いじめという行為を行うこと自体がスクールカーストを引き下げる効果があるでしょう。

指導力があって生徒の信頼を獲得している先生が、心に響く道徳の授業などを行っても同じ効果があると思われます。

ゲーム理論による被害者・加害者以外の者の行動分析

次に、内藤モデルへのもう一つの疑問である（疑問というよりは考察の対象外になっている部分ですが）、「被害者・加害者以外の者の行動」を考察してみましょう。

ヒトの合理性を前提とする思考モデルによっていじめを分析することは、いじめの首謀者（修正藤田モデルでの●）だけでなく、修正藤田モデルにおける■や□の行動の解明にも役に立ちます。

「ゲーム理論」という考え方をご存知でしょうか。複数の主体の存在する状況下での意思決定を数学的手法を用いて解明するアプローチを総称してこのように呼ばれています。最も有名なモデルは「囚人のジレンマ」と呼ばれるもので、以下のような考え方です（次頁図表6、山岸俊男『社会的ジレンマ』より）。

図表6　囚人のジレンマの利得行列の例

Bの行動	Aの行動	
	自白しない（協力行動）	自白する（非協力行動）
自白しない（協力行動）	Aの刑期　1年 Bの刑期　1年	Aの刑期　不起訴 Bの刑期　無期
自白する（非協力行動）	Aの刑期　無期 Bの刑期　不起訴	Aの刑期　10年 Bの刑期　10年

※　山岸俊男『社会的ジレンマ』より

「共犯で重大犯罪（犯罪α）を起こしたA・Bが別件（犯罪β）で逮捕される。AとBが連絡を取り合えない状況下で、検事はA・Bそれぞれに次のような提案をする。

・このままでは犯罪αは立証できないので、A・Bとも犯罪βについてのみ懲役二年を求刑する。

・しかし、お前（A又はB）が自白してくれれば、司法取引でお前を不起訴にしよう。そして相方については犯罪α分もあわせて無期懲役を求刑する。

・二人とも自白した場合は、情状を酌量《しゃくりょう》して懲役一〇年を求刑する。

A・Bにとって最も有利なシナリオは、相手が自白しないで自分だけが自白することです。最悪のシナリオは、相方だけが自白して自分だけが無期懲役になることです。このような状況下で、AとBはどのような行動をとるか。

AとBの間によほどの信頼関係がない限りは、双方が自白して懲役一〇年の求刑となるシナリオが選択されるでしょう。

彼らは決して非合理な行動をとった訳ではありません。各人が合理的な行動をとったことで、結局双方に不利益な結果となってしまうのです。

これに類似する状況は、いじめ現場でも起こっています。

H・I・J・Kは仲の良い四人グループでしたが、ふとしたことがきっかけでグループ内にいじめが発生しました。リーダー格のHが、いちばん気の弱いKをいじめ始めたのです。H・I・Jの力関係は、IとJの二人が協力すればHのいじめをやめさせることも可能ですが、一対一ではHにかないません。ですから、一人でいじめを止めようとした場合には、Kに替わって自分がいじめの対象になる危険性も少なくありません。つまり、

・二人で協力してHのいじめを止めれば、元の仲良しグループに戻ることができます。
・しかし、自分がHのいじめを止めようとして、もう一人が協力してくれない時は、自分がいじめの対象になる危険性が増大します。
・二人とも「見て見ぬふりをする」か「HとともにKをいじめる」ことにすれば、グループ内のいじめは存続しますが、自分がいじめの対象になることからは免れます。

この場合、IとJによほどの信頼関係がなければ、協力してHを止めようということにはなりません。かくして、各人が合理的な行動を選択することにより、グループ内の不合理ないじめが継続してしまうのです。

但し、厳密に言えばこのいじめモデルは「安心ゲーム」と呼ばれるもので、「囚人のジレンマ」とはゲームタイプが異なります。

囚人のジレンマでは相手を出し抜いた時に自分にとって最大の利益が実現しますが、「安心ゲーム」では双方が協力した時に最大の利益が実現します。つまり、このモデルはいじめを止めることが困難であることを説明するだけでなく、「みんなが信頼し協力できた時にこそ、みんなが一番幸せな状況が実現できる」というモラルを、きれい事ではなく合理主義の見地から説明できるのです。

引き金を引くのは何か

ここまでの議論をまとめますと、次のようになります。

①内藤モデルにおいて「全能欲求」具現化手段としていじめが選択されるのは、その選択が「メリット＞デメリット」の場合である（但し、内藤モデルを採用しなくても、「メリット＞デメリット」の場合には合理的行動としていじめが選択される可能性あり）。

②この時、加害者・被害者以外の者の置かれた状況はいわゆる「安心ゲーム」であり、彼らの信頼関係が強固である場合には最大利益（協力していじめを抑止する）を実現できるが、信頼関係がない場合には「見て見ぬふり」や「いじめへの参加」が最適行動となる。

では、どのような場合に「メリット∨デメリット」状況が出現し、どのような場合に加害者・被害者の信頼関係が崩れるのでしょう。

それに対する正解はもちろんありませんが、森田洋司氏・清永賢二氏が興味深い研究(『いじめ――教室の病い』金子書房)を発表しています。

図表7は、両氏が大阪の中学校をフィールドワークして描き出した「いじめ集団の四層構造」です(『いじめ――教室の病い』より)。

被害者の周りには、被害者と加害者の立場が状況によってかんたんに変わる「被害・加害者」がいます。両者が広義の意味の「被害者」です。その周りに「加害者」、そのさらに外側にいじめをはやし立てる「観衆」、いじめから最も遠い位置に「傍観者」、傍観者と同じ位置に一握りの「仲裁者」がいます。

判りやすいように「ドラえもん」の登場人物に置き換えますと、被害者が「のび太」、加害者が「ジャイアン」、観衆が「スネ夫」、傍観者が「静香ちゃん」や「出来杉君」です。

図表7　いじめ集団の四層構造

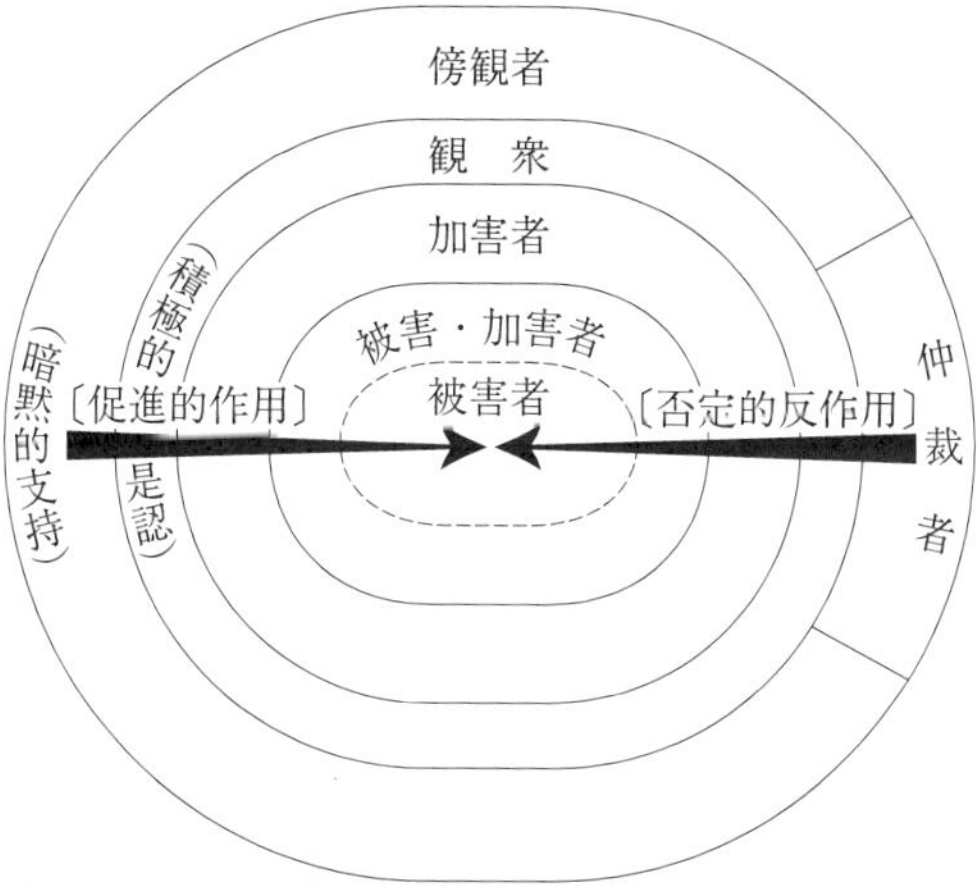

※　森田洋司・清永賢二『いじめ』より

　そして、いじめの発生しやすさには、加害者や被害者もさることながら、観客の数と、傍観者がいじめに対してどのような態度をとるかが大きな影響を与えるというのです。

　つまり、観客が多ければ多いほど、加害者は自分の行為がクラス内の支持を得ていると感じていじめをエスカレートさせます。また、傍観者が冷淡な態度を取る場合には、傍観者の存在はいじめに対して抑制的に働きますが、傍観者が加害者に好意的だったり加害者を恐れたりしている場合には、傍観者の存在はいじめを促進する方向に働くのです。

この分析は、スクールカーストの視点を加える私の立場からも、非常に納得のいくものです。多数の観客が存在する場合や傍観者が加害者を恐れている場合、いじめを行うことで加害者のスクールカーストは向上します。だから、加害者の引き金は引かれやすくなるのです。ところが、観客が存在せず、傍観者もいじめに冷やかな場合は、いじめを行うことで加害者のスクールカーストは下降します。この場合、自分より弱い者を見つけても、内部によほど強いいじめ衝動を抱えている子どもでない限り、いじめという行為には及ばないでしょう。

いじめに対してどのような対策をとるべきかは第六章で考察しますが、四層モデルにおいて、周辺層の態度がいじめ加害者に及ぼす影響（周辺層がいじめに冷淡な場合はいじめの引き金を引きにくいという森田考察）を考えて対策を練れば、有効なものになると思います。

第四章　かくして「いじめ」は隠蔽される

数値目標の落とし穴

ここまで、「いじめ」と総称される現象の実態を修正藤田モデルによって明らかにし、内藤理論やメリット・デメリット分析、いじめ集団の四層構造を利用して、「いじめの発生メカニズム」について説明してきました。

次の段階としては、どのようにすればいじめ問題を解決でき、いじめを実際に減らすことができるのかを考察すべきですが、その前に、教員や学校の実情を把握しておく必要があります。

そこで、本章では、「いじめは何故隠されるのか」について考えてみましょう。

いじめが隠蔽される最大の理由。それは、文部科学省が「いじめ発生件数」を調査しているからです。それを看過《かんか》して世論が政府や文部科学省に「いじめを減らせ」などと要求すると、とんでもない結果を生むことになります。

これは非常に重要なポイントなので、詳細に説明させてください。

最近は、行政の世界でも「数値目標」を立てる手法が流行っています。前例踏襲主義や事なかれ主義に陥りやすいお役所仕事を、数値目標の導入で改革していこうという趣旨です。私は、その流れ自体は決して悪いことだとは思いません。税金の徴収率などは、目に見えて改善された分野の一つです。

しかし、学校内のいじめ問題にこれを導入するととんでもないことになる。それは、このいじめ発生件数調査が、まったくでたらめな行政統計だからです。

通常、行政統計は、行政の意思決定や効果測定などに使用されます。

医療統計を例に見てみましょう。患者数が減りつづけ、もはや過去の病気だと思われていた結核が、平成九年に増加に転じました。厚生労働省は、それが判明した平成一一年に直ちに「結核非常事態宣言」を出し、①健康診断実施の徹底、②診療技術向上のための研究、③院内感染予防マニュアルの作成指示、などの行政施策を講じました。

これは行政統計が行政施策に活用された好例ですが、医療統計以外でも、交通事故死亡者の減少のように、行政施策（交通違反罰則の強化）の効果測定として活用されている例があります。

しかし、この行政統計の数値がでたらめだとどうなるでしょう。行政の意思決定の判断を誤らせるだけでなく、施策に効果があったのかなかったのかの評価も不可能になります。つまり、でたらめな行政統計は税金の無駄使いというだけでなく、行政に悪影響を与えるのです。そして、いじめ発生件数調査はでたらめ統計の代表です。

いじめ発生統計はでたらめ統計

この統計数値のでたらめさは、次の点から明らかです。

①都道府県間に格差がありすぎる。

日本は先進国の中でも比較的均質化した国といわれてきましたが、最近では格差が拡大していているといわれています。とりわけ深刻なのが、都会と地方の差です。都道府県間の一人あたり年間所得格差は、最高の東京四二六万七〇〇〇円と最低の沖縄二〇四万二〇〇〇円（二〇〇三年）では、なんと二倍以上も開いています。東京には大金持ちが多いので、中央値ならもっと差は少ないと思いますが、それにしても、二倍以上の格差と聞けば、随分違うなと思うのではないでしょうか。平均寿命はかなり均質化していて、男性では一・〇四倍強（最短青森七五・六七歳、最長沖縄七八・九〇）、女性では一・〇三倍弱（最短青森八三・六九、最長沖縄八六・〇一）に過ぎません。教育分野に目を移すと、いじめと密接な関係にある「不登校」は、一〇〇〇人当たりの不登校児童・生徒の数が最高と最低で約二倍の差になっています。

では、いじめ発生件数はどのくらい格差があるかというと、何と三〇倍以上です（福島県一〇〇〇人当たり〇・一人、愛知県一〇〇〇人当たり三・四人）。こんな数字を信じることができるでしょうか。

②数値が実感と乖離《かいり》しすぎている。

文部科学省の統計によると、平成一七年にいじめられた児童・生徒は全国平均で一〇〇〇人当たり一・五人だそうです。率にして〇・一五％。逆に、九九・八五％の人がいじめに遭わなかった、ということです。これが続くと、小中高の一二年間で一度もいじめに遭わない確率は九八％強（〇・九九八五の一二乗）になります。

小学生に「過去にいじめられたことがあるか」というアンケートをすれば、三分の一から半数がイエスと答えます。読者の皆さんもそうでしょう。小中高を通じていじめられた経験のある人が五〇人に一人以下なんて、とても信頼できる数字ではありません。

③情報報告が恣意《しい》的である。

これは①や②が起こる理由でもあるのですが、学校でいじめが起きた時、それを報告するか否かは事実上学校の自由裁量になっています。建前上はいじめが定義されていてこれに該当する限り報告義務があるのですが、その判断権が学校にある上に、判断の適否をチェックするシステムがありません。それゆえ、常識的に見ればいじめが起こっている場合でも、定義を厳格に解釈して「報告するような『いじめ』ではありませんね」

という隠蔽が、日常的に行われています。

さすがに文部科学省もこの統計のインチキさを認めざるを得なかったのか、平成一九年度からは、調査項目を「いじめ発生」から「いじめ認知」に改めるそうです（また、より多くのいじめが報告されるように、定義も緩《ゆる》くしました）が、本質的に間違っているものを手直しする意味はありません。

中止すればよいのです。そうでなければ、このインチキな統計を基礎に、「いじめ半減計画」などという施策が大々的に打ち上げられかねません。それは、新たないじめ隠蔽圧力になるでしょう。

私は、調査統計を基礎に政策を決定し評価することを基本的に是としますが、いじめに関しては、学校から情報を収集しているかぎり正確な情報は決して上がらないと思います。それは、加害者に罪を報告しなさいと言っているようなものだからです。

いじめを統計として把握するならば、いじめ被害者がメールや電話で直接アクセスできる部門を作り、そこへのアクセス件数で「いじめが減った・増えた」と考えるべきです。そうすれば、定義をいじくりまわす必要もありません。被害者がいじめられたと感じれば、それがいじめになります。

ただし、その際注意しなければならないのは、被害者がいじめと感じたからといって、学校にいじめ解決義務を課すべきではない、ということです。学校が解決するべきいじめと、統計上把握すべきいじめとを分離するべきなのです。そして、前者の判断権は学校に残し、後者の判断権は被害者に移すのです。これはいじめ解決の大きなポイントなので、第六章で論じます。

現在は、学校がいじめと認定すれば、それを教育委員会に報告しなければならない。報告すれば当然、どう対処したかも報告しなければならない。いじめを認知しましたが解決はできませんでした、と報告する校長がいったいどれだけいるか。常識で考えれば判ります。

教師は何故いじめに鈍感なのか

いじめが隠される第二の理由は、教師が鈍感なのでいじめに気づかない、トラブルに気づいても「ただのいさかい」と判断しがちである、という点にあります。

いじめ自殺や暴行死などの事件が発生するたびに、世間は教師のいじめに対する鈍感さにあきれます。不登校になるようないじめが起きた場合でも、担任が全く気づいていなかった例など有り余るほど存在するのが現実です。

しかし、私は、ここで教師の鈍感さを責めようとは思いません。

特定の教師のみが鈍感であるのならば、責任は個人に帰すべきです。しかし、職業集団が全体的に問題行動をとる（この場合はいじめに鈍感であること）ならば、そこには何らかの構造的な理由があるはずです。

それを明らかにせずに、「最近の教師は……」という言葉を発しても、「いじめを放置した教師は懲戒にする」と脅してみても、現場には悪影響しか及ぼさないでしょう。

では、何故教師はいじめに鈍感なのか。それは、「いじめ」という言葉にウンザリしているからです。もっと明確に言いましょう。「うちの子どもがいじめられている」「いじめられたらどうするつもりだ」と主張する親たちにウンザリしているのです。

そして、この教師たちの感覚は至極当然です。

「いじめ」と総称されている事象には、大きく分けて四つあります。
①子ども達の成長過程の中で当然に発生する軋轢《あつれき》（例えば、幼児のおもちゃの取り合い）
②従来型コミュニケーション系いじめ（集団での無視など典型的ないじめ）
③犯罪型コミュニケーション系いじめ（携帯メールなどを利用した執拗悪質な嫌がらせ）
④暴力・恐喝系いじめ（リンチなどの校内犯罪）

この中で、学校が対処可能で、かつ中心になって対処すべきいじめは②だけです。①は、教師が②にならないように見守りながらも子ども達だけで対処すべき課題ですし、③④は司法の手に委ねるべき犯罪です。

そして、①②③④を発生数で比較すれば、①＞②＞③及び④の関係が成り立ちます。特に、幼稚園や小学校低学年のいじめはほとんどが①です。

しかし、ここで思い出してほしいのが、本当にいじめられている子は、自らいじめられているとは中々言わないということです。理由としては、プライドが許さないことや、どうせ学校も親も解決できないとなればいじめが酷くなるだけだと考える、といったことが挙げられますが、いずれにしても、いじめの態様が酷くなればなるほど、いじめは報告されなくなります。

その結果、教師の目からはただの軋轢にしか見えないもの（そして、自称被害者と相手方の不仲を教師も了解しているもの）だけが、実態以上に目に入ることになります。

具体的には、教師に対して次のような苦情や要望がくるのです。

・四月に入学する予定の児童の親から三月にくる、「うちの子どもは幼稚園で○○にいじめられていた。絶対に同じクラスにしないでくれ」という要望。

・隣の席同士で普段から仲の良くない子どもの一方が教科書を忘れた際、他方が教科書を真ん中に置いてくれなかったという件で、「となりの席の○○がいじわるをするので早く席替えをしてほしい。対処しないなら教育委員会に言う」という苦情。

・Aが持ってきた私物をBが不注意で壊したのにBは謝らなかった、それを見ていたCがBに対して「弁償しろよ」と迫った件でBの親から、「うちの子ども一人に対して大勢でよってたかっていじめているそうじゃないか」という苦情。

学校には、年がら年中こんな苦情がきます。そんな中で、「いじめ」という言葉に対して反射的に拒否反応が出たとしても、誰が責めることができるでしょう。もちろん、それでもアンテナを張りつづけるのが職業人としての務めだ、という正論は成り立ちます。

しかし、「いじめ防止」という名のもとに、学校では次のような理不尽なことさえ起こっているのです。

ケース1

二学期早々の九月頃から、A小学校の四年生のクラスで靴隠しが頻繁に行われるようになった。そういう場合、犯人は大抵被害者と同じクラスにいる。クラス担任は登下校や体育、朝礼など靴を履き替える時には常に注意し、ときおり陰から様子を見ていた。その甲斐あって、一一月上旬にようやく、自分のクラスの児童DがEの靴を隠している現場を押さえることができた。担任教師はDを捕まえて話を聞き出したところ、「一学期からクラスに仲のよい友達ができなかったので辛かった」こと、「九月以降の靴隠しは全部自分がやっていた」ことを話した。ところが、Dは帰宅して母親に「担任が自分を一方的に犯人扱いした」と報告したので両親は激怒。「教師が自分の子どもを靴隠しの犯人にした。それがきっかけになっていじめられている」と、校長や教育委員会に苦情を訴えた。それでもDの両親の怒りは収まらず、今度は父親が中心となって担任教員の辞任を要求する事態になった。幸い、Dの両親に人望がなかったお陰で辞任要求運動はクラスに波及しなかったが、担任は神経科に通うようになってしまった（筆者の独自調査事例）。

ケース2

農業高校二年生のFは、Gらと五人の不良グループを形成していた。Fは素行不良だけでなく成績も悪く、特に数学が苦手で、年間通じて五回ある試験の全てが赤点（四〇点未満）だった。日常態度も良くなかったので、結局単位不認定ということになった。

高校は、一教科でも単位が不認定だと落第となる（単位制高校を除く）。ところが、Fの親がその処分に異議を唱えた。「Fの成績が下降したのは日常的にGにいじめられていたからだ。それを見逃していたのは学校の責任である。それにも拘《かか》わらず、いじめていたGが進級できてFが落第というのはおかしいではないか」という理屈である。Fの親は地元で名の知れた有力者であり、教員の目からはFはGに次ぐ不良グループのナンバー2だった。FにとってGが目の上のたんこぶだった可能性はあっても、FがGにいじめられていたとは考えにくい。しかし、結局「いじめ」という言葉と有力者の圧力に負けたのか、学校はFに補講を受けさせることで進級を認めてしまった（筆者の独自調査事例）。

ケース3

これはマスコミでも話題になったので、ご存知の方も多いかもしれない。福岡県では、暴力団の勢力拡大を食い止めるために、二〇〇六年に「許されざる者」というビデオを作製した。これは、中高生など若者にありがちな「ヤクザはかっこいい」というイメージを払拭するために、警察官が自らヤクザ役を熱演し、ヤクザ組織の矛盾や暴力団の悪

図表8　学校で起こっている「いじめ」の現実

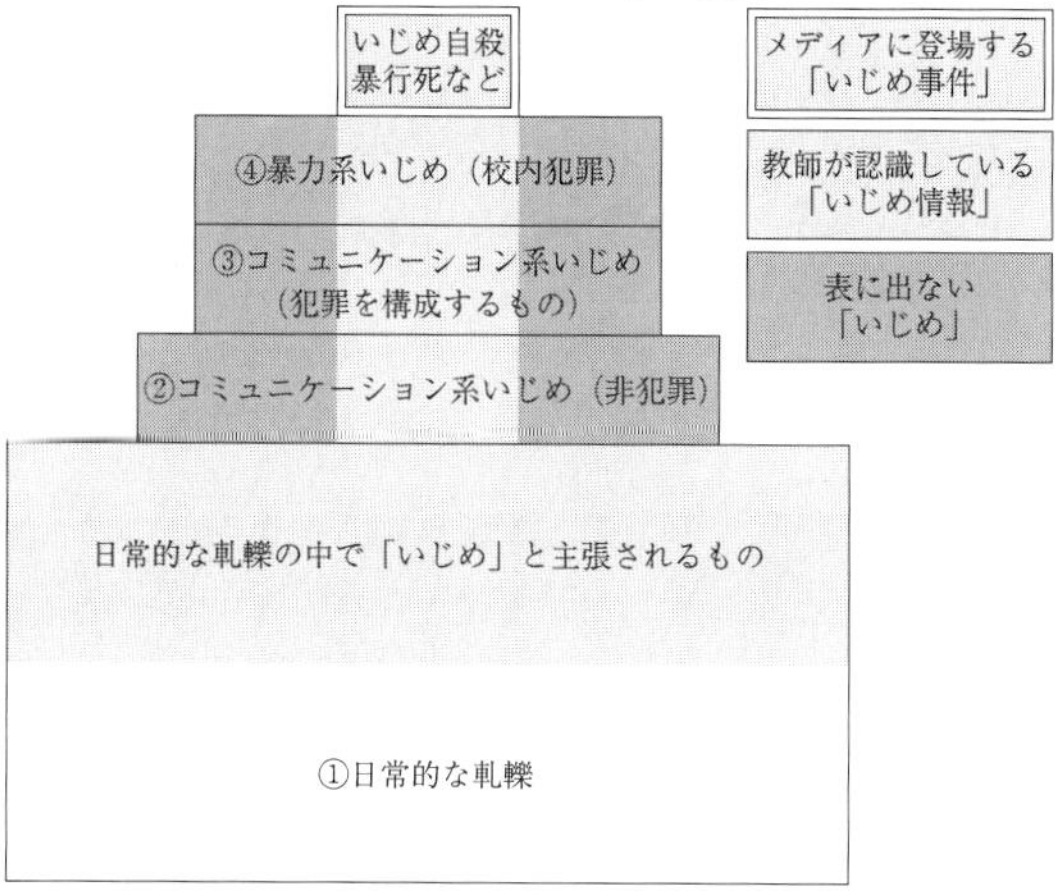

質さを訴えたものだった。ところが、このビデオについて、北九州の暴力団が「人権侵害だ」と市教育委員会に訴えた。北九州市教育委員会は福岡県警の顔を立てるために教職員の研修にそのビデオを使いながらも、「組員の子どもに対するいじめの可能性」を理由に、生徒向けに上映するか否かは学校判断とした（学校に責任を押し付けた上での事実上の上映中止である。これは、北九州市に限らず教育委員会の常套手段だ）。

これが、学校が日常的に付き合わされている「いじめ」の現実です。「教員の目に見えるいじめ」と「子どもが現実に直面しているいじめ」と「ニュースになって国民の面前に現れるいじめ」は、全て異なるのです（図表8は、これらの齟齬《そご》を表したものです）。

私には、教員の鈍感さを責めることはできません。

もちろん、だからといって、いじめ被害者に泣き寝入りしろとは言いません。その処方箋は、第六章できっちりと示します。

本章の目的は「何故『いじめ』は隠蔽されるのか」の解明にあるので、次に進みます。

学校の中にあるもうひとつの「いじめ」

もうひとつ、教員がいじめに鈍感になる理由としてあげておかなければならないのは、職員室内でのいじめの存在です。

いじめは子どもの世界だけのものではありません。世間の大人達の間にも、そして学校の大人達の間にも、いじめは存在します。

ただ、学校職員間でのいじめは、他の職場でのいじめに比較すると、以下の特徴があります。

①教員は六歳以降「学校」しか知らないので、人格的に幼稚な人が少なくない。
②職場の人数の割に職種が多く、人間関係が複雑である。
③組織目標が明確性を欠くために、いじめが目的化しやすい。

次に紹介するようないじめを「先生」と呼ばれる人達がやっていると思うと、本当に情けなくなります。

ケース4

SはI県の小学校教諭一三年目の中堅女性教員（三八歳）である。平成一六年の春、転勤になり、三校目の学校＝一学年五クラスの大規模校に赴任した（教員は比較的一つの職場の在職期間が長い）。新任校の学校目標は、「とにかく保護者から文句を言われないこと」。

五〇代の女性教諭が多く、校長ではなく彼女たちが実質的な意思決定をしていた。ベテラン教員らしく、やることに抜かりはないのだが、新しい試みは全て反対する。そのせいで若手教員は中々その学校に居着かず、やる気のある者ほど早々とその学校から出て行く、という状態が続いていた。

それでも、一年生の担任になったSは、これまでに培ってきた授業ノウハウを駆使して子ども達の知徳体の向上に努める。それらは、ことごとく中高年教員(一年生担任五名はS以外全員が五〇代の女性だった)の攻撃対象となった。

中心人物は同じ学年の学年主任だが、時には校長も攻撃に加わった。

一〇〇マス計算をさせれば、噂を聞きつけて翌日に隣のクラスの教員から「できない子どもの気持ちを考えろ」と言われる。

ひらがな・カタカナ・漢字の学習では、授業進度の遅れている別の教員から「私のクラスの保護者が心配するから授業進度を遅らせろ」と指示される。

ピアスをしている子どもを注意したら、校長から「その子の親は他人に迷惑をかけてないのだからいいと言っている。親と面倒を起こさないでほしい」と注意された。

事なかれ主義が徹底している学校にあって、やる気のある中堅職員はうっとうしい存在である。六月に入ると、Sに対する嫌がらせがいじめのレベルになっていく。

学年主任は、Sに聞こえよがしに別の中堅教員や若手教員に、「あなたが一年生を希望してくれてれば良かったのに」と声をかける。

言葉による嫌がらせが日常的に行われるようになった。

校外学習の時には、S以外の四人のクラス担任は、Sと一言も会話しなかった。理由は、自分達に無断でSがカメラを持ってきたからである。それでも次年度以降の記録になれば良いと思い、学年主任に現像した写真を届けたら、翌日にはゴミ箱に捨てられていた。

とどめは校長の一言だった。

「あなたは子どもを生み育てていないので子どものことが判っていないんだ。さっさと子どもを生みなさい」（Sは不妊治療を一〇年以上続けてきており、それは校長も知っている）

独身や、既婚でも子どものいない女性教諭の多くが、この種の言葉で傷ついている。

しかし、発言者のほとんどは保護者（大多数が母親）である。さすがに、男性校長でこのような心ない発言をする人間は珍しい（筆者の独自調査事例）。

これ以外に、私が見聞きしただけでも、教職員のあいだには本当に様々なパターンのいじめが発生します。

・一年間、いじめている相手と自分の机を数センチ離したままにしておいた事例（中高年女性教諭による若手教諭いじめ）。
・卒業式で自分達の意見に従わなかった校長の机を廊下に出してしまった事例（教職員組合による校長いじめ）。
・職員会議の席上、校長が毎回教頭を罵倒し、「教頭には人権がない」という暴言を吐いた事例（校長による教頭いじめ）。
・教頭による教頭試験受験者（ベテラン・中堅教員）いじめ。
・ベテラン給食調理員による新人栄養士やアルバイト栄養士へのいじめ。
・司書教諭による司書いじめ。

・選科教諭（美術科や音楽科など）による養護教諭いじめ。

いじめが蔓延《まんえん》している大人の世界＝学校の住人が、生徒のいじめに鈍感になるのは、ある程度仕方がないのかもしれません。

危機対処能力なき学校管理職

文部科学省の「いじめ発生統計」を「いじめなし」と報告するために、生徒間のいざこざをいじめと認定したがらない学校の体質は判った。教員が日常的に低レベルないじめ問題に付き合わされているせいで、本物のいじめに鈍感なのも理解できた。職員室にもいじめはあるのだろう。それでもやっぱり学校は変だ。

いじめ自殺が起きた時に、校長達の証言は必ずといってよいほど二転三転する。やっぱり学校には独特のいじめ隠蔽体質があるのではないか——と思われる方は多いと思います。

私だってそう思っています。学校には、「いじめ隠蔽体質」と呼ばれても仕方ない体質があります。それを否定するつもりはありません。ただ、私は、多くのマスメディアのようにそれを単純に批判するだけでは変りませんよ、いじめ隠蔽のメカニズムを解明してそれを一つ一つ潰さない限り、いつまで経ってもこのままですよ、と言いたいだけなのです。

ということで、次に、何故校長発言は揺れ動くのかについて見ていきましょう。答えは簡単、学校管理職は行政系の管理職と比較して、①危機対処能力が低く、②行政の一員であるという自覚が足りないからです。

学校管理職に危機対処能力がないのは、彼らが無能だからではありません。単にそのような訓練がされていないだけです。

ここでいう「危機対処能力」とは、いわゆる「危機管理能力」ではありません。危機管理能力については、学校管理職も行政系の管理職も似たようなものです。どちらも全く信用できません。それは、阪神淡路大震災の際にはっきりと現れました。あの時には誰も自衛隊を呼ぶという判断ができず、結局、神戸市役所の係長（非管理職）が自分の責任で自衛隊に出動依頼をしたのです。これは、我が国の（当時の）政治家も国・県・市町村の幹部たちも、全く危機管理能力がなかったことを如実に示しています。

ここでいう危機対処能力とはそういう本質的な能力ではなく、組織が危機に陥ったときに、①誠実に見える、②言質《げんち》を取られない、という、矛盾する二つの要請に応える対処ができる能力を言います。

役人に限らず通常の組織で働いていると、そのような対処を要求される場面は数限りなくあります。顧客のクレーム処理、業務監査、株主総会等々、枚挙に暇《いとま》がありません。

この時に相手の言いなりになって言質をとられるような職員は、無能と評価されるでしょう。かといって、強気一辺倒で相手を不快にすることも許されません。いかに言質を取られずに相手に納得してもらうかが問われるのです。

ところが教員は、児童生徒や親からの（時に理不尽な）要求に対して、シンプルに「YES」「NO」を出すことが可能です。教頭や校長も、日常的には「教員」と「教育委員会」の板ばさみになっているだけですから、顧客・上司・株主・公認会計士・監督官庁・政治家・マスコミ・組合など、多様な主体の複合的な板ばさみになっているビジネスマンや役人に比べれば、シンプルな「YES」「NO」の対応が可能なのです。

だから、いじめがあったのかなかったのかと問われれば、とても素直に「YES」か「NO」を答えます（大抵、最初は誠実に「YES」と答えます）。

そして、次の日になって教育委員会（行政系）の役人にこっぴどく叱られて、自分が行政の一員である（そういう側面がある）ことに思い至るのです。

いじめ自殺が起きれば、昨今の被害者の親は、学校や行政に対して民事訴訟を起こします（当然の権利です）。この時、学校設置者（市町村）や教員の雇い主（都道府県）が損害賠償義務を負うか否かは、学校がいじめを認識していたか、認識することが可能だったか、なすべき対処を行ったかにかかっています。

ここに至って、校長はいじめを（個人の良心として）認めたくても、（地方自治体の一員として）認められないジレンマに陥り、情けなくも前言をひるがえして、

「やっぱりいじめはなかった」

「そこまでひどいいじめがあるとは思っていなかった」

「いわゆる『いじめ』とは認識していなかった」

と言い張るのです。

なんとも無様な姿ですが、民事訴訟の被告側になる可能性があるのですから、致し方ない面もあります。

ちなみに、行政系の管理職が校長のポジションにいれば、おそらく初日に「いじめはありました。申し訳ありませんでした」とは言わないでしょう。

こんな感じのマスコミ対応・保護者対応をするはずです。

「○○君が自ら死を選んだことは、学校としても痛恨の極みである」

「自殺の原因については現在調査中であり、すぐに返答することはできないが、ご遺族と連絡をとりながら一日も早い原因解明に努めたい」

このように答えておけば、後日遺書が出てきて「いじめ自殺」だと確定しても、次に「学校はいじめを認識していなかった」「被害者が訴えなかったので認識することも不可能だった」と主張することが可能です。

そうして、民事訴訟上は「自治体（＝学校）には責任はない」と主張しながら、「○○君の死を残念に思う気持ちはご遺族の方と同じです。立場上、損害賠償というわけにはまいりませんが、気持ちとしてどうか弔慰金をお受け取りください。○○君の死を無駄にしないように、今後はいじめ撲滅に我々も全力を尽くします」と言って数十万円を遺族に渡す。

これが、一般的な行政のやり口です。

行政と学校、どちらの隠蔽体質の方が根深いのかは、皆様のご判断にお任せします。

私は、学校に組織的ないじめ隠蔽体質があるとは思っていません。それぞれ別の理由によって生じる別々の現象が、外部にはあたかも「いじめ隠蔽体質」と映るだけなのです。

①いじめ統計調査に「いじめなし」と回答する（してしまった）ために、いじめと認めたがらない（これが「隠蔽体質」と言えないのは、事実を隠そうとしている訳ではないからです。単に学校は「いじめ」という評価を下したがらないのです）。

②日常的に理不尽な「いじめ主張」に付き合わされているために、本当に対処しなけ

ればならないいじめに鈍感になっている（鈍感さのレベルは人によります。いじめに対して比較的敏感で真摯《しんし》に対応してくれるのは養護教諭だと思いますが、人によって態度が異なること自体が、「いじめ隠蔽」が組織的でない証拠です）。

③職員室の中に次元の低いいじめが発生している場合がある。そんな学校は、当然教員のいじめに対する感受能力が通常よりも落ちるために、いじめが見過ごされる危険性は高くなる。

④学校管理職の「危機対処能力」が低いために発言が二転三転し、あたかもいじめを隠蔽しているように映る。

以上が「学校のいじめ隠蔽体質」と言われているものの骨格ですが、それ以外にも、教員がいじめを発見できなかったり、学校が隠してしまったりする理由には、以下のようなものがあります。

⑤エセ人権行為（人権の名の下に理不尽な主張をする行為）を行う団体の影響力が強い学校

では、加害者の人権に配慮する余り、いじめが隠されがちである（暴力団対策のテープを暴力団員子弟の人権保護のためと称して子どもに見せない自治体＝北九州市の話は先にしたとおりです。「人権」という言葉さえ使えばどんな理不尽な要求でも通る学校が少なくありません。加害者の親が「エセ人権」行為に出れば、よほど腹の据わった校長でなければ「いじめ隠蔽」に走るでしょう）。

⑥田舎で起こりがちな事件ですが、親も含めてよそ者への排除意識がある場合には、学校ぐるみ・町ぐるみでいじめを隠蔽してしまうことが起こる。

ともあれ、結果的に多くのいじめが隠蔽されていることに間違いはありません。

いじめを解決するためには、学校が敏感にいじめを認識する、認識したら対処するという当たり前のシステムを構築することが不可欠です。

しかし、一方で、「いじめ、いじめ」と騒ぐ理不尽な保護者やエセ人権行為から正常な学校運営を守らなければならないということも忘れてはいけません。

そのバランスをどうとるかは、これも第六章で考察したいと思います。

第五章　暴言よりひどい、「いじめ妄言」を正す

妄言一「見て見ぬふりをする者も加害者」

「いじめられたら復讐すればよい」

「自殺するくらいなら相手を殺せ」

この手の暴言は、話し手も聞き手も暴言とわかっているので、いじめの渦中にある人の心を傷つけることはありますが、被害が拡大するリスクは大きくありません。

より罪深いのは、暴言ではなく、新たな被害を生む妄言です。

良かれと思って発せられる言葉や、一見もっともらしい言葉であるにも拘わらず、その言葉を鵜呑《うの》みにした人を不幸にし、他人に迷惑を及ぼす。美しい建前であるがゆえに、皆がおかしいと感じても誰も反対できない言葉。それが妄言です。

妄言は、美しいがゆえに容易に全体主義と結びつきます。そして、ひとたび妄言が力を持つと、それに疑問を呈するだけで「人でなし」の烙印《らくいん》が押され、言論が封殺されます。ですから、妄言は巨大になる前に潰しておかなければなりません。

本章では、いじめ言論における代表的な一〇の妄言を取り上げ、これらが猛威を振るわないうちに葬り（それが無理でも、読者の方々にワクチンを投与し）たいと思います。

いじめ言論における最大の妄言は、なんと言っても「見て見ぬふりをする者も加害者」論です。

まず、この論の論理的なおかしさを指摘しておきましょう。

「見て見ぬふり」をする者（＝不作為者）を加害者だというためには、不作為者に作為義務がなければなりません。そして、作為義務があるにも拘わらずそれを怠ったときに初めて、その不作為は作為と同視できるほど罪深いものになります。だからこそ、何もしない人を加害者だと言えるのです。また、作為義務があると主張する場合、ある程度その義務内容が明確でなければなりません。

不作為が加害になる典型例は、「保護責任者遺棄罪」です。両親が乳飲み子を自動車の中に放ったらかしてパチンコに興じることがこれに当たります。

親には、乳飲み子が死なないように、飢えないように、誘拐されないように保護しておく義務があります。それを怠れば、赤ん坊の状態がどうであれ（たとえ結果的に赤ちゃんが無事でも）、保護責任者遺棄罪に該当します。赤ん坊が死んでも構わないと思って自動車内に放置したのなら、場合によっては殺人罪になります。

わが国の実態は、赤ちゃんが死なない限り親を捕まえないし、死んでも保護責任者遺棄致死罪でしか訴追しないようですが、アメリカのように、遺棄している現場を見たら即座に逮捕するようになってほしいものです。そうすれば、虐待防止に相当な威力を発揮するでしょう。

他にも、交通事故の加害者には、加害行為に伴って被害者を救助する義務が生じます。もしそれを怠って被害者を救助しなければ、保護責任者遺棄罪になります。

では、いじめを発見したクラスメイトに、親や交通事故の加害者のような作為義務があるかと言えば、もちろんありません。法論理からは、「見て見ぬふりをする者も加害者」という論はなり立たないのです。

次に、道徳的見地からはどうでしょうか。この場合も、「見て見ぬふりをする者も加害者」とするためには、いじめを発見した者に「なんらかの行動をする」倫理的義務がなければなりません。それを怠れば加害者と言える義務の中身が、法的義務から倫理的義務に変わるだけで、論理構造は同じです。

では、クラスメイトにはそのような義務があるのでしょうか。クラスメイトとは、たまたま（時には教師の恣意により）同じクラスになっただけの人間です。嫌いな子もいれば、一年間に数回しか口をきかないままクラス替えになる子だっています。およそ親しさが疎《まば》らな集団の構成メンバーであるというだけで、「いじめを発見した際にはなんらかの行動をする」義務を課すのはナンセンスです。

もちろん、牧歌的な「みんな仲良しのクラス」というものを夢想している人の中には、同じクラスメイトじゃないか、いじめを見たら止めるくらいのことをしてやってもいいじゃないか、と思う人はいるでしょう。お気持ちは判りますが、今問題にしているのは、怠れば「加害者」といえるだけの倫理的義務があるかないかです。

では、妄言一はどんな被害をもたらすのでしょうか。

誰でも気がつくのは、これを素直に信じた人がバカを見る、という被害です。加害者よりもスクールカーストの低い人間が、一人でいじめを止めることは不可能です。それでも無理をして止めに入れば、高確率でいじめ被害者になるでしょう。それを承知で「見て見ぬふり」をするなと言う人は、よほどきれい事が好きでかつ残酷な人です。

その点、「一人では無理でも五人集まればいじめを止められる」と言うヤンキー先生こと義家弘介氏は、さすがにいじめの現場をよく判ってらっしゃる。でも、妄言の被害は、信じた人間の二次被害だけでは収まりません。クラス内のモラル構造を、通常の社会とはかけ離れたものにしてしまうのです。

図表9は、妄言一がクラス内の建前になる前と後での善悪変化を表しています。

まず、「本来あるべき評価」から説明します。

最も非難されるべきが加害者であることは当然です。次に誰が非難されるべきかと言えば、いじめを見抜けなかった教師です。だから、いじめ自殺などが起きた場合には、加害者に加えて学校や教育委員会が訴えられるのです。これに対して最大の賞賛を受けるべきは、勇気を出して義務なき善行を行った救済者です。密告者にも、一定のプラス評価が与えられるべきでしょう。

　ところが、「見て見ぬふりをする者も加害者」という妄言がクラス内の建前になると、善悪基準が変化します。最大の非難が加害者に向けられることは変わりありません。が、次に非難されるのは、「加害者」呼ばわりされた「中立・傍観者」です。これに対して、教師はいじめに気づかなかったという非難から免れることができます。「いじめを告げるべき義務」を怠った生徒が悪い、という理屈が成り立つからです。救済者の評価も相対的に下がります。彼は、「止めるべき義務」を履行したに過ぎないからです。

図表9　妄言一による善悪変化

	本来あるべき評価	見て見ぬふりも加害者論
加害者	××	××
被害者	—	—
救済者	◎	○
密告者	○	○
中立者傍観者	—	×
教師	×	—

　こうして、妄言一によってクラスのモラルは

倒錯し、教師にだけ都合のよい全体主義社会が出来上がります。

妄言二「いじめは加害者が一〇〇%悪い。被害者には何の問題もない」

いじめは悪いことです。ですから、いじめの加害者は全員が何かしら悪いことをしています。その意味では、「いじめの加害者は一〇〇%悪い」は正しい言葉です。

しかし、妄言二は、これとは似て非なるものです。加害者と被害者の関係において、加害者が一〇〇%悪く、被害者には全く非がないという主張です。

確かにそういう場合もあるでしょう（おそらく一番多いケースだとは思います）。でも、いじめの実態は多様ですから、そんな場合だけとは限りません。昨日までいじめの首謀者だった子が、何かのはずみでいじめの被害者に転落することだってあります。

この場合、被害者には何の責任もないと言えるでしょうか。断じて否《いな》です。その子がいじめられる最大の原因は自らの前日までの行動にあり、責任も自身にあります。

妄言二の被害は、子どもの実感と乖離《かいり》した正論しか吐かない教師の指導に説得力がなくなり、クラス内世論が加害者優位になることです。

妄言二は通常、「原因論」と「責任論」が峻別されずに発言されています。いじめ被害者に原因があるかという問題と、いじめ被害者に責任があるかという問題は全く異なる問題です。そして、子ども達の中では、その点が明確に区分されないままいじめが正当化されているのです。

次頁の図表10は、原因と責任の関係を集合図で表したものです。

①被害者に原因も責任もない場合
②被害者に原因はあるが責任はない場合
③被害者に原因も責任もある場合
④被害者に原因はないが責任はある場合

この点は法律の責任論と異なります。法律上の責任は原因がなければ問う必要がないので思考されませんが、論理的には四つのパターンが想定できます。

図表10　妄言二における原因と責任の関係

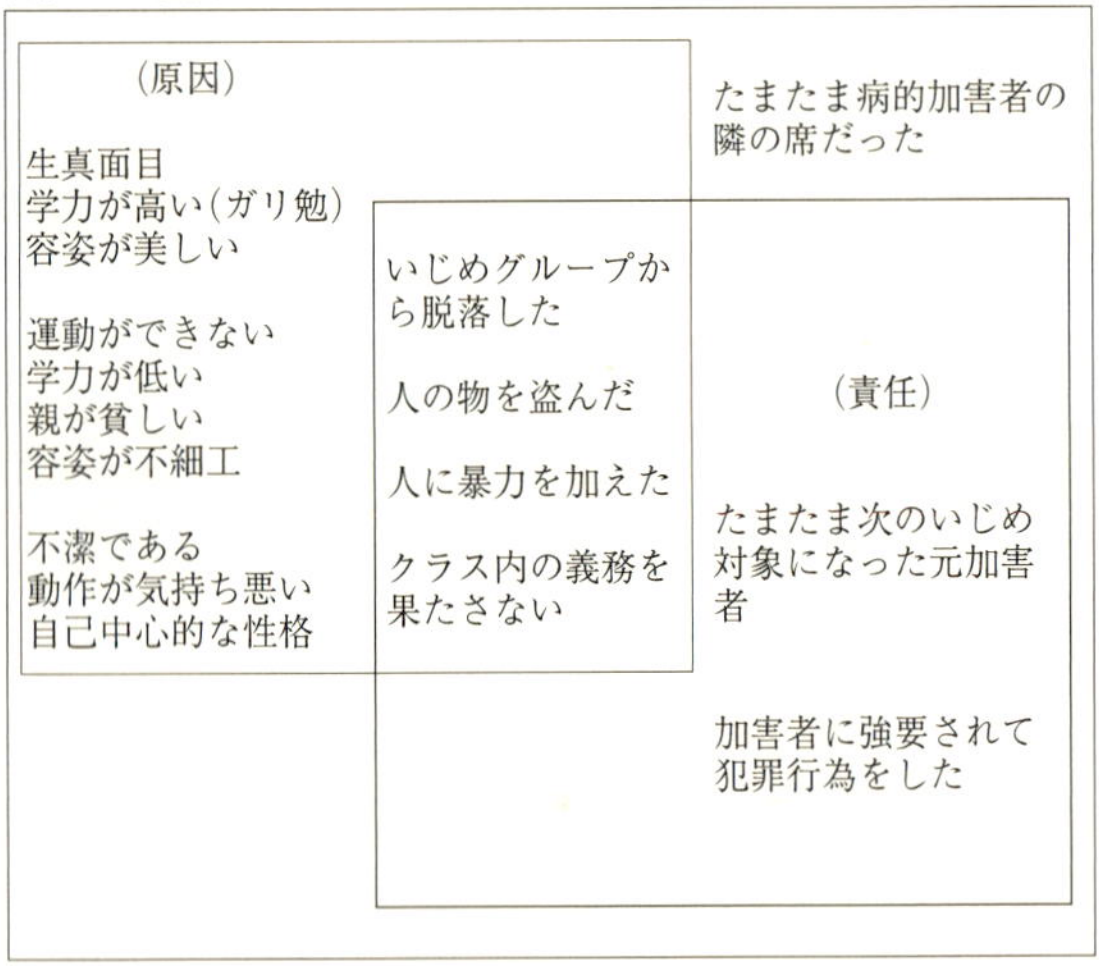

もちろん、教師によるいじめ指導の中心は②のパターンです。②にも、「被害者が真面目だから」という完全な言いがかりから、「被害者が自己中心的だから」という、子ども世界では「真っ当な理由」の場合まで様々です。

そして、子どもの感情も判る場合こそ、教師が最も冷静にならなければならない場面です。その時に、教師自身が納得できないようなきれい事（妄言二）は、指導が上滑りになるだけで百害あって一利なしなのです。

では、被害者に責任がある場合はどうするか。私は、この場合は教師の裁量によって多少はいじめの成り行きを見守ることが許されると思います（校内犯罪が起きれば別です）。

しかし、最終的には、

「たとえ被害者に責任があってもいじめは許されない。なぜなら、被害者の責任（元いじめの加害者、人の物を盗んだ、人に暴力を加えた等）は過去のものであり、君たちはもう充分に彼に報復をしたからだ。これ以上彼をいじめる行為を、先生は許すつもりはない。次に見つけたときは学校としても出席停止などの断固とした処置をするから覚えておくように」

といった指導はすべきでしょう。

ただし、仲間はずれのようなコミュニケーション系のいじめは、責任ある被害者は学年が変わるまでは甘受すべきだと思います。

妄言三「いじめっ子も被害者です」

いじめっ子は加害者です。

学校がどれほど子ども達に抑圧的であろうが、彼が家で虐待されていようが、関係ありません。彼が被害者か加害者かは、いじめが行われた現場での行動で判断すべきです。加害者の心が荒《すさ》んでしまった理由は、その後の懲戒や心のケアの場面で考慮されるべきことです。

妄言三の害は、被害者と加害者の立場が相対化され、加害者への懲戒があいまいになり、最悪の場合には被害者の救済をも困難にすることです。

妄言三は、教師やカウンセラーに人気があります。カウンセラーにとっては加害者もクライアント（顧客）ですから庇《かば》うのは当然として、教師がこの言葉を発する場合は、加害者と被害者の立場を相対化することで、加害者の処罰という厳しい場面から逃げたいという動機が働いています。

意外なことに、被害者の救済に全力を尽くすべき弁護士の中にも、この手の妄言を信じている人がいます。その手の弁護士は損害賠償訴訟の被告から加害者をはずし、攻撃のターゲットを学校や教育委員会に絞りがちです。こうなると、いじめ訴訟そのものが、被害者救済ではなく訴訟をきっかけにした社会運動になってしまいます。また、役所相手の訴訟は、勝てば確実にお金を取れますが勝つのが容易ではありません。かくして、救済されるべき被害者がいつのまにか社会運動の担い手へと変貌してしまうのです。

妄言四「いじめなければいじめられる」

ウソです。

いじめなくてもいじめられない子どもはいくらでもいます。

秋田県で自分の娘や近所の男児を殺したとされる畠山鈴香容疑者を覚えているでしょうか。彼女の高校の卒業文集は、それは酷《ひど》いものでした。

畠山容疑者に対して、

「いままでいじめられた分、強くなったべ。俺たちに感謝しなさい」

「秋田から永久追放」

「秋田の土は二度と踏むんじゃねぞ」

「会ったら殺す」

といった言葉が並んでいます。

こんな卒業文集を出すことを認めた教師や学校に、呆《あき》れるばかりです。

しかし、そんな中にも、「元気で」「がんばれ」といった励ましの言葉がちゃんと書かれているのです。

いじめなければいじめられるという言葉は、弱い加害者の言い訳でしかありません。第二章のケース1で紹介した、「死ね」と言えずにいじめる側からいじめられる側になったYがその典型例ですが、Yもいじめられるまでは加害者の末端にいたのです。最初から加害者の末端に加わっていなければ、「死ね」と言わずともいじめられなかった可能性は、はるかに高いはずです。

妄言四の害は、加害者の多数派である「弱い加害者」をすべて許すことになり、結果的にクラスのモラル崩壊を加速させることです。弱いことは罪ではありませんが、弱いからといって罪が許される訳ではありません。処罰の段階で情状酌量されるだけのことです。

このメンタリティは、大人社会でもよく見られる現象です。例えば、ネズミ講やマルチ商法において、加害者は「元締め」や「社員」だけではありません。一度でも売る立場になった人間は、たとえ被害額の方が儲かった額より多くても、破綻《はたん》を承知で損を次の段階の人に押し付けた「詐欺罪」の加害者なのです。彼らを加害者にしたもの、それは、彼ら自身の弱さです。

「いじめなければいじめられる」といった言い訳を許すことは、弱さをそのまま認めることです。その子の将来を思えば、決して許してはなりません。まして大人がその言い訳を真に受けて「それが現代のいじめだ」などと主張するのは、現実を正確に言い表していないだけでなく、同じクラスにいながらいじめに参加しない真っ当な子ども達を愚弄する妄言です。

妄言五「心やさしい子がいじめられる」

そうとは限りません。

やさしいからいじめられるケースもありますが、自己中心的な子どもだからいじめられる、周りの子に対する態度が冷たいからいじめられる、といった例も多数あります。

妄言二のところで図示したように、被害者がいじめられる原因は多様です。優れていることが原因でいじめられる場合もあれば、劣っていることが原因でいじめられる場合、嫌われる要因を持っているからいじめられる場合、非難されても仕方ない行動をとったからいじめられる場合など、様々です。

優れている子どもをいじめている場合には、子ども達も自分達はいけないことをしているという自覚があるものです。劣っている子をいじめている場合でも、それがいじめを正当化できないことは理解しています。

難しいのは、「不潔」「動作が気持ち悪い」「性格が自己中心的」といった、大人社会でも付き合いたくない要素を被害者が持っている場合に、それでもいじめは正当化されないこと、被害者が非難されても仕方がない行動をとったとしても、それを「いじめ」という手段で報復することは良くないことなどを指導する場合です。

ところが、妄言五はいじめの被害者には何の責任もないと決め付けているだけでなく、被害者は人格的に優れているという立場にたっています。このような感性では、冷静な指導などできません。

妄言五を真に受けた先生が、それを前提に子どもを指導しようものなら、「先生は被害者ばかりヒイキする」と猛反発を受け、いじめはますます酷くなるでしょう。

妄言六「出席停止は最後の手段である」

法律に規定されている出席停止を否定するスタンスは問題外ですが、出席停止を認めるにしても、それがあたかも最終手段であるかのようなことを言う人がいます。

このような妄言が跋扈《ばっこ》するのは、出席停止が加害者への懲戒手段であるかのごとき誤解が世間に存在するからです。出席停止は停学とは異なり、加害者を懲戒するための手段ではありません。学校教育法二六条第一項には次のように規定されています。

市町村の教育委員会は、次に掲げる行為の一又は二以上を繰り返し行う等性行不良であって他の児童の教育に妨げがあると認める児童があるときは、その保護者に対して、児童の出席停止を命ずることができる。
一、他の児童に傷害、心身の苦痛又は財産上の損失を与える行為
二、職員に傷害又は心身の苦痛を与える行為
三、施設又は設備を損壊する行為
四、授業その他の教育活動の実施を妨げる行為

いじめの中で、第一項「他の児童に傷害、心身の苦痛又は財産上の損失を与える行為」に該当する行為が繰り返されていた場合には、「他の児童」＝「被害者など」の教育を受ける権利を守るための手段として用意されているのが出席停止なのです。

だから、出席停止は、被害者の被害が甚大な場合には、積極的に行わなければならないのです。決して「最後の手段」などではありません。

妄言六の害は、そのせいで出席停止命令に教育委員会が臆病になることです。被害者の救済は迅速《じんそく》かつ果敢に行わなければなりません。第六章で論じますが、私は、校内で恐喝や傷害・暴行が行われた時には、直ちに警察に通報すると同時に、加害者を即時かつ無期限（永遠ではありません）の出席停止にすべきだと思っています。加害者の懲戒処分や更生プログラムは、その後でじっくり考えればよいのです。

妄言七「出席停止は対症療法に過ぎず、本質的な解決にはならない」

出席停止に関するもう一つの妄言です。

この妄言は、他のものに比較して多少手が込んでいます。確かに出席停止は対症療法に過ぎません。ですから、前半の事実の指摘だけなら妄言ではありません。しかし、この言説は全体として、あたかもいじめの本質的解決＝根治療法があるかのような誤解を生みだします。その点が、まさに人を惑わす妄言なのです。

皆さんは風邪をひいたときにどうしますか。

「体を休める」「マスクをかける」「タオルで頭を冷やす」「風邪薬を飲む」「玉子酒を飲む」等々、人によって様々な対処法があると思います。これらは全て「対症療法」にすぎません。インフルエンザにはウイルスを直接攻撃するタミフルという特効薬（副作用も報道されています）が開発されましたが、一般の風邪にはこのような特効薬がありません。つまり、風邪の根治療法は開発されていないのです。

それでも、人は対症療法で何とかやり過ごして風邪と付き合っています。

いじめもこれと同じです。いや、風邪はウイルス感染による鼻や喉の炎症だとわかっているので、まだいじめよりもマシです。いじめの発生メカニズムについては、第三章で紹介した内藤モデルくらいしか、研究の蓄積がありません。

発生メカニズムの解明も始まったばかりなのに、根治療法など見つかるはずがないのです。

当分の間（もしかすると未来永劫《えいごう》）、我々はいくつかの対症療法を駆使しながら、いじめと付き合うしかないのです。

妄言七の害。人々にあたかも根治療法があるかのごとき幻想を抱かせ、現在とりうる有効・適切な対症療法は何かを考えるという合理的思考を妨げる点。

妄言八「管理教育・受験偏重教育がいじめを生む」

これは、一九七〇年代から八〇年代にかけて流布された妄言です。

いじめに限らず、校内暴力や不登校など教育の病理現象を何でも管理教育や受験偏重教育のせいにする言説が流行りました。それを真に受け（たふりをして）、教育政策の大転換が行われました。それが「ゆとり教育」です。

ゆとり教育のおかげで今の子ども達は「ゆるゆる」「ダレダレ」の学校生活を送っていますが、それによって病理現象は何一つ解決されませんでした。

この妄言の被害は、妄言三の「いじめっ子も被害者です」と同様、怒りの矛先《ほこさき》が全く的外れになり、今、救済されるべき被害者がないがしろにされる点です。

妄言九「いじめる奴はいじめる。いじめられる側が強くなるしかない」

これは他の「美しい」妄言と趣を異にし、かなり暴言に近いのですが、被害者癒《いや》し系妄言が跋扈しすぎると、常識人のフラストレーションが昂じ、反動としてこのタイプの発言が社会に受けいれられる可能性もゼロではありません。

確かに、どのような状況でも「いじめ」という行為を止《や》められない人間はいるでしょう。しかし、ほとんどのいじめは、加害者を断固罰する姿勢を示した時には劇的に減少します。これは、いじめ加害者の多くが、合理的な判断の下でいじめを行っていることの証拠です。

妄言九はオール・オア・ナッシング的な単純思考であり、そこには、いじめの頻度を下げるために何をすればよいかを真面目に考える姿勢がありません。

この妄言の害は、いじめ問題解決のための労力を、全て被害者に押し付ける点にあります。このような妄言が世論を支配すると、加害者も学校も教育行政も、全てが免責されてしまうのです。

妄言一〇「いじめを根絶しなければなりません」

いじめは根絶できません。

社会病理で根絶できたものは、せいぜい魔女狩りくらいでしょう（これに類するものはしょっちゅう起こりますが）。戦争も差別も殺人も環境破壊も、何一つ根絶できていません。いじめも無理だと思います。

医学分野に目を向けても、人類が根絶できた疾病はわずかに天然痘だけです。風邪も麻疹《はしか》も水虫もC型肝炎もエイズも、何一つ根絶できていません。「いじめ」だけが都合よく根絶できるはずがない、というのが、まともな人間の判断です。

こういうと、「人類をあれほど苦しめた天然痘さえ根絶できたのだから、人の営みである『いじめ』を根絶できない訳がない」といったオメデタイ人が出てくるので、少し詳しく説明します。

天然痘だけが根絶でき、他の感染症は一つも根絶できないのは、天然痘だけが根絶しやすい条件を全て備えていたからです。その条件とは、以下のようなものです。

・感染経路が「ヒトからヒト」のみで、媒介する生物がいない。ペストのようにネズミが媒介していたりすると、ネズミを絶滅させない限り根絶は困難です。

・感染から発症までの期間が短く、かつ発症するまでは感染しない。C型肝炎のように発症まで数年以上かかる上に、発症前から次の人に感染させることが可能な疾病では、全ての感染者を把握しない限り根絶できません。

・感染した者の発症率が極めて高く、症状が重篤である。ポリオのように感染者の一部しか発症しないタイプの感染症は、全ての感染者を把握することができないので根絶できません。また、風邪や水虫のように症状の軽い疾病も、やはり感染者を特定することができないので根絶できません。

・完治する疾病である。「天然痘が治る」というのは、体内に天然痘ウイルスが存在しない、完治した状態をさします。「治った人」が再びうつす心配はありません。これがヘルペスのように、「治った＝症状がおさまった」で、体調によりいつ発症するか分からない疾病なら、根絶ははるかに困難になります。

・種痘という有効な予防策が開発された。ＨＩＶのように（現段階では）予防接種が不可能な疾病は、根絶ははるかに困難です。

このように見ていけば、教育の社会病理であるいじめが根絶可能かどうかなど、冷静に物事を把握できる人ならば分かるはずです。

いじめは根絶できない。いじめに関する議論や政策は、そのことを前提に行われるべきです。

妄言一〇の害。教育界のウソがますますひどくなる。

「いじめは根絶できる」という前提で学校運営を行うと、必ず「いじめを根絶した」と報告する校長が出てきます。その校長がウソつきなのではありません。おそらく、学校に蔓延《まんえん》していたいじめにうまく対処できたのでしょう。

そういう名人芸を持っている校長や教員は、少なからずいます。手法はいろいろです。いじめの兆候を見逃さずに厳しい姿勢で臨む「ゼロ・トレランス」型の人もいれば、「植物を植えることで子ども達に優しい心が芽生える」という素敵な手法を使われている方もいます。大抵の先生方は、双方をうまく使い分けます。

私は、彼らの活動に敬意を感じこそすれ、否定するつもりは一切ありません。

ただ、その状態を「根絶」と捉えると、大きな副作用が生じます。根絶した「いじめ」は、発生してはならないものとされてしまうのです。そして、「いじめが発生することは許されない」という規範が生じ、それは「いじめ」退治名人の先生が退職や転勤で学校を去った後も残ります。

第四章で詳述したように、学校には複合的な(それゆえ極めて解決困難な)「いじめ隠蔽体質」が存在します。妄言一〇は、その「いじめ隠蔽体質」をより強固なものにするでしょう。

何故妄言がまかり通るのか

多くの妄言は、いじめ被害者を癒すために発せられます。

いじめが理由で神経症になった患者に対して、カウンヤラーが、

「あなたは何も悪くない。いじめというのは一〇〇％いじめた側が悪いのであって、被害者に原因なんてないんだよ」

「そうか、友達と思っていた子が見て見ぬふりをしたのか。君にとっちゃ加害者と一緒だよね。そういう子はきっと勇気がないんだよ」

「いじめないといじめられるクラスだったんだね。だから○子ちゃんは仕方なく、最初そのグループに入ってたんだね」

「早くいじめのない世の中が来ればいいよね」

と発言して被害者を慰撫することは、全く正しい行為だと思います。

傷ついている子どもに対して、何も、

「あなたがいじめられるのはあなたの学力が低いからです」

「見て見ぬふりをする子を非難するなんておかしいでしょ。そりゃ、その子にも勇気は

足りないかもしれない。でも、一番勇気のないのは、いじめっ子に立ち向かえないあなたよ」

「いじめないといじめられるなんて、ただの言い訳です」

「いじめなんてどこの世界にもあるんだから、こんなところで負けててどうするの」なんてことを言う必要はありません。いじめで傷ついている子どもが厳しい現実に立ち向かえるまで、心のケアを充分してあげればよいのです。

問題は、被害者を癒すための方便が、客観的事実を表す言葉としてまかり通ることです。方便と事実は峻別しなければなりません。方便が他の分野の思考まで制約するならば、そのような方便は、妄言として葬らねばならないのです。

このタイプの妄言と同じくらいに多いのが、責任逃れのための妄言です。

管理教育のせいでいじめが起こる、いじめっ子も被害者だ、というのは、校長や教師には非常に心地のよい言葉です。なぜなら、自分の管理下で「いじめ」が発生した責任を相対化し、加害者の処罰という骨の折れる仕事から、自分を解放してくれるからです。

被害者の親や加害者の親と顔を見合わせて「困ったもんだ」というポーズをとれば、

教育者としての面目を保つことができるのです。

出席停止に関わる妄言は、責任逃れの最たるものです。教育行政には、被害者保護のために積極的にこれを行う義務があります。「出席停止は加害者の懲戒手段である」という世間の誤解があるのなら、それを正すのが本来の仕事です。現在の教育行政は、この誤解を利用して義務から逃れようとしているとしか、私には思えません。

いじめの現実に立ち向かう責務

きれい事を大声で叫ぶのは心地よい営為です。メディアで妄言を吐いている人達は、一様に恍惚の表情を浮かべています。しかし、大人は妄言に逃げ込んではいけません。しっかりと目の前の現実を見据えて、自分がしなければならない事柄は何か、子どもに甘受させるべき事柄は何かを考えて、冷静にそれらの課題をクリアしていくことが我々大人の責務なのです。

子ども達は、決して大人の妄言のような単純な世界を生きている訳ではありません。

次に紹介する二例は、

「見て見ぬふりをする者も加害者だ」

「いじめる側が一〇〇%悪い」

という妄言で目の曇ってしまった人には、とても理解できない現実かもしれません。

しかし、虚心坦懐に自分の幼い頃、若い頃を思い出せば、子ども達が生きている現実が見えてくるはずです。

ケース1

A・B・Cは、同じ私立女子中学校に通う同級生だった。たまたま通学路が同じということもあり、一緒に通学することも少なくなかった。三名とも同じクラスだったが、A・Bは同じ大グループに所属してAがリーダー格、Bはグループの周辺層に位置し、Cは地味系小グループに所属していたが人望があり、スクールカーストは高かった。

やがて、大グループ内でいじめが発生する。いじめの首謀者がAで、いじめの対象はBだった。校則の厳しい女子校ということで、いじめ内容は、①グループ全員で無視する、②聞こえよがしに嫌味を言うなど、犯罪色のないコミュニケーション系いじめに限られていた。当然、BはAから離れて通学するようになる。

この時、大グループのいじめを苦々しく見ていたCは、Bと出会えば一緒に通学するという態度を決して変えなかった（まさしく、「いじめを見て見ぬふりをした」のである）。人望あるCをいじめの対象にすれば、クラス全員の反感を買うおそれがある。かといって、Cにいじめを阻止されたとなれば、大グループのリーダーAの面子は丸つぶれとなる。そこで、A及びその仲間たちは、Bのみを対象としたコミュニケーション系いじめを続けることにした。通学途上でB・Cがいる場面に遭遇したらCにだけ挨拶する、BとCの話に割り込んでCにだけ話し掛ける、という作戦に出たのである。

しかし、これではいじめに迫力がなくなる。コミュニケーション系いじめは、相手を孤独にさせてこそ有効なのだ。やがて、Bに対するいじめは自然消滅した。

さて、話はここで終わらない。いじめは止んでも、Bには友達がいないままだ。そこで、BはCにべったりとくっついてくるようになった。しかし、CからすればBはただの通学仲間に過ぎない。いじめられていたのであえて中立のポジションをアピールしてあげたが、クラス活動では元々の仲間がいる。Cの仲間たちにしても、「いじめられた」のを機会にBが自分達のグループに入ることは許さない。結局、Cは自分に必要以上に近づくBを突き放すことになる。

その後、「いじめ」に対するCの対応に感服したAはCに積極的に近づき、AとCにはグループを超えた友情が生まれた（筆者の独自調査事例）。

ケース2

DとEは、私立男子高校に通う同級生である。Dはクラスの中心的大グループ、Eはおたくグループに所属しており、D・Eともリーダー的存在ではなかった。ちなみに、よほどの進学校でない限り、おたくグループのスクールカーストは最下位と相場が決まっている。DとEは中学校の同級生で、二人にはグループを超えた友人関係が存在した。

大グループのちょっとしたいざこざから、Dはグループリーダーと衝突し、グループ内でいじめられるようになる。校則の厳しい男子校なので、激しい暴行や恐喝には発展しなかったが、休み時間に嫌がらせのように小突かれる、体育の時間に野次を飛ばされるなど、軽いいじめを受けていた。他グループから見ても、Dのグループ内ステイタスの低下は歴然だった。

ある日、EはDに、いじめられているのではないか、もしいじめが酷いようならば先生に言った方が良い、と忠告する。しかし、Dはいじめられている事実を頑《かたく》なに認めなかった。

Dに対するいじめは、次第にエスカレートする。休み時間の軽い暴力（漫才の突っ込みのように頭をはたく。これは非常によく見られるいじめである。単なるコミュニケーションでないことは、他メンバーがDの頭をはたいてもDは他メンバーの頭をはたかないことからわかる）は益々多くなり、グループ内で「パシリ」的な扱いも受けるようになった。

ついにEはDに、

①大グループメンバーのDに対する態度は明らかにいじめであり、

②Dが言えないのなら自分が教員に報告する、

と告げた。これを聞いたDはEに対して切れ、暴力をふるった。その日で、中学以来のDとEの交友関係は途絶えた。「見て見ぬふり」をしなかったEは、バカを見たのである（筆者の独自調査事例）。

ケース1におけるCの「見て見ぬふり」は、慈悲と正義感に基づいた「見て見ぬふり」です。もしBにそれに応えるだけの強さがあれば、Cの見て見ぬふりに心の底で感謝しつつ、自分もCの前ではいじめなどないかのごとく振る舞えばよかったのです。そうすれば、BとCの友情は、強固なものになったでしょう。そして、BはCのグループに入れてもらうのではなく、いじめの止んだ元のグループに帰るか、それが嫌ならクラス替えまで孤高を保つべきでした。また、どうしてもCのグループに入りたいのであれば、C以外のメンバーの了承を得る努力を、彼女自身がすべきなのです。

グループ入りと友情は別ものです。Bはそれに気づかず、Aはそれを知っていた。だから、最終的に友情が残ったのはAとCの間だったのです。

ケース2は、思春期にありがちな、男のつまらない（でもこの世代の男の子としては大切な）プライドです。Dは自分で「いじめられている」と認めた途端に、スクールカースト最下位の「いじめられっ子」になります。しかし、「これはいじめではない。俺はいじられキャラなだけだ」と言い張り、それなりに説得力がある場合は、Dは下っ端ではあっても上位カーストグループの一員であり、Eよりは上に位置します。執拗に「いじめ」を認めろと迫るEは、Dにとっては、それこそウザイ存在でしかないのです。Dの意向を無視してまでDを「いじめられっ子」にしようとするEに、Dは悪意さえ持ってしまう。たとえEの言動が親切心からであってもです。

第六章　規範の内面化と「いじめ免疫」

いじめが問題なのではない

本章では、「いじめ」と総称されている事象の、現時点での解決策を提示します。いや、解決策というのは大げさでした。いじめ対処方法という方が適切です。というのは、私は、解決などできるはずがないし、解決するべきだとも思っていないからです。誤解を恐れずに書きますが、学校にいじめは必要です。不可欠と言っても良いでしょう。私は人の親として、いじめの全くない学校に子どもを通わせたいとは思いません。人の社会にいじめが必要なのか必要でないのか。それは私には判りません。いじめの有用性を論じることは、「教育論」の射程外です。しかし、社会にいじめが存在する限り、学校だけを「いじめ無菌状態」にすることは、子どもの発達にとって決して有益ではないはずです。

いじめに対する免疫力を持たずして、大人社会を渡っていくことは不可能です。そして、いじめに遭遇することなしに、いじめへの免疫力を得ることはできません。だから、学校のいじめはなくてはならないものです。子ども時代に清潔すぎる環境で育つことは、子どものその後の人生を不幸にします。

問題は、学校にいじめがあることではないのです。

現在の学校の異常性は、校内犯罪が堂々と行われ、それが「いじめ」の名の下に放置されていることです。

恐喝、傷害、暴行、窃盗《せっとう》等々ありとあらゆる犯罪が、学校で起こったというだけでいじめとして処理されます。さすがに、児童・生徒が死んだ場合にはいじめでは済まされませんが、死に至らなかった犯罪のほとんどが「いじめ」の名の下に不問に付され、あるいは隠蔽されています。

「いじめ」と総称されている問題の解決（対処）の第一は、この異常性を解消することです。

そのためには、「いじめ」と「犯罪」を峻別しなければなりません。

犯罪を犯罪として扱う

では、犯罪とは何でしょうか。

学問上は、「犯罪構成要件に該当する、違法かつ有責な行為」が犯罪と言われています。

「犯罪構成要件に該当する」行為とは、刑法その他、刑罰を規定する法律に書いてある行為という意味です。「人を殺した者」(刑法第一九九条)が殺人罪に問われます。

但し、正当防衛などの理由で人を殺す行為が違法でない場合には、殺人罪は成立しません。また、夢遊病者が意識のない状態で人を殺しても殺人罪にはなりません。彼には責任能力が全くないからです。

これが、「犯罪構成要件に該当」し、「違法」かつ「有責な」行為の内容です。その三つが備わらなければ犯罪は成立しませんし、三つとも備われば犯罪は成立していることになります。

しかし、以上はあくまで学問上の説明に過ぎません。

実際はそうではないのです。刑法には様々な犯罪が規定されていますが、それを実行したら現実にも直ちに犯罪になるものもあれば、日常的に行われているが大多数の場合は犯罪として扱われないものもあります。

前者の代表例が「殺人罪」だとすれば、後者の代表例が「侮辱罪」です。

侮辱罪とは、事実の指摘なしに公然と人を侮辱することで成立します。人前で「お前バカか」と言えば侮辱罪が成立することになります。また、こんなことを言って違法性や責任がゼロになるというのも通常考えられません。

ですから、昔ながらの体育会系企業では、日常的に侮辱罪に該当する犯罪が行われていることになります。しかし、上司が部下を他の社員の前で侮辱して警察につかまったという話を、私は聞いたことがありません。近所のいざこざでも名誉毀損罪にあたる行為や侮辱罪にあたる行為は頻繁に行われていますが、ほとんど警察は動きません。

残念ながら、というべきか幸いというべきか、我々の社会は今のところ、一定の人間関係が存在する場合には、人を侮辱しても犯罪が成立するとは考えていないのです。そして、警察といえども社会通念にしばられて行動しています。侮辱罪で警察が動いてくれるのは、飲食店などで赤の他人に聞くに堪《た》えない汚い言葉で侮辱された時くらいです。

「ダブルスタンダード」社会の崩壊

もちろん、社会通念は月日の流れとともに変化します。職場で上司や先輩から暴行を受ければ一一〇番する人は今では珍しくありませんし、警察も動いてくれるようになりました。

職場内暴力だけではありません。日本社会は、現在、急速に変化しています。平成大不況までの日本社会は、言わば「ダブルスタンダード」社会でした。一般社会のルールとして「法律」はありますが、特定の業界、特定の企業の中では「法律」は「建前」に過ぎない。業界内、企業内では業界規範、企業規範に従うべきであり、「法律」を持ち出すような輩《やから》は排除されました。

例えば談合がそうです。官官接待のための裏金作りがそうです。食品業界における賞味期限もそうでした。建築業界の耐震基準だってそうでしょう。天下の一流企業で公然とセクハラが行われ、鉄拳制裁と称して上司の部下に対する暴力がまかり通る名門企業も少なくありませんでした。

しかし、平成大不況の間に日本社会はすっかり変わってしまいました。それが良いことかどうかについては様々な意見があると思います。ただ、法律を無視して業界ルール、企業内ルールに従ってさえいれば大丈夫、捕まえられることも訴えられることもないという「グッドオールドデイズ」が過ぎ去ったことだけは確かです。

学校だって変わりました。体罰はすっかり影をひそめました。この変化は、一般社会よりも早かったくらいです。

ただ、子どもの世界だけが法律無視のダブルスタンダード社会なのです。それも校内だけです。学校の外で恐喝や万引をすれば、すぐに警察につかまります。しかし、学校の中なら先生がもみ消してくれる。学校が、犯罪を「いじめ」ということにしてくれるのです。

いじめ問題も、一般社会のルールに任せるべきです。

何も、いじめが全て犯罪だ、などというつもりはありません。

「いじめは全て犯罪です。殴れば暴行罪、けがをさせれば傷害罪、嫌なことを無理やりさせれば強要罪、悪口を言えば名誉毀損罪か侮辱罪になります」という人がいます。

学問上は「犯罪構成要件に該当する、違法かつ有責な行為」が犯罪ですから、その主張は正しいかもしれません。でも、一般社会で事実上犯罪として扱われていない行為を学校の中でだけ刑法典どおり犯罪として扱え、というのは無理があります。

私はそれよりも、次のようにした方が実際的だと思うのです。

①一般社会で犯罪になる行為（恐喝・強制わいせつ・障害・暴行・窃盗・器物損壊等）は学校でも犯罪として扱い、教育機関としての処罰や更生は、司法機関と同時並行で行う。

②刑法上の罪には記載されているが一般社会ではよほどのことがない限り犯罪にならない行為（名誉毀損、侮辱等）や、そもそも犯罪でない行為（仲間はずれ、集団での無視等）は学校の中で指導する。

いじめの対処方法を考察する場合、「暴力系」と「コミュニケーション系」に分けて「暴力系」には司法救済、「コミュニケーション系」は学校での指導とする論者が多いのですが、「校内犯罪」と「非犯罪いじめ」に分類した方が妥当です。なぜなら、インターネットで「○子は売春をしている」といった誹謗《ひぼう》中傷を書いた場合や、「死ね」と書いたメールをしつこく出したような場合、加害者を一般社会の基準に合わせて逮捕することは可能かつ妥当だからです。

統計上のいじめと対策対象としてのいじめを峻別せよ

次頁の図表11を見てください。これは、現在「いじめ」と総称されている事象の、私が適切だと思う対処方法を一覧にしたものです。錯綜しているいじめ議論の半分以上はこの表によって解決できるのではないかと自負しています。

ここでは、統計上のいじめと対策対象としてのいじめを分けたのが大きなポイントで

図表11　「いじめ」への対処法

統計上の「いじめ」		行為形態	対策対象としての「いじめ」			
被害者ケア	判定者		判定者	被害者保護を目的とした加害者への介入	加害者の処罰	加害者の更正
精神科医やカウンセラー等によるカウンセリング	被害者	暴力犯罪	警察	即時かつ無期限の出席停止	（司法）逮捕・補導とそれに続く家庭裁判所での審判	（法務省）少年院等での矯正
		その他の犯罪		出席停止 加害者の別教室授業	（学校）強制転校	（学校）転校先での指導
精神科医またはスクールカウンセラーの助言により転校許可		非犯罪型いじめ	学校		反省文 奉仕活動 学校活動の一部停止	処罰後経過観察し必要に応じて指導
		非いじめ		なし		

す。

第四章で説明したように、従来のいじめ対策は、「いじめであるかないかを決定するのは学校である」という前提で構築されていました。そのために、文部科学省はいじめを定義していたのです。

まず、子どもや親から「いじめられた」という訴えが来る。学校は文部科学省のいじめの定義に従って、クラスで起きていることがいじめにあたるかどうかを判定する。いじめと決まったら教育委員会に報告する（通常は、対策と結果も事後報告させられる）。そして、対策を考える。

しかしこれでは、学校はなるべく「い

じめ」ではないと判断したくなるに決まっています。だから、統計上は、いじめられている者がいじめと感じたら「いじめ」とカウントすればよいのです。

但し、それは学校に「対策義務」を生まない。学校が行うのは、精神科医やスクールカウンセラーの助言を聞いて「転校許可」を出すことくらいです。

一方で、これは学校としても無視できない、明らかにいじめだと判断すれば、毅然として出席停止を教育委員会に申請する、教育委員会が出席停止に合意しないときは加害者を別室に移して授業する、などの処置に出ればよいのです。但し、これは両方とも処罰ではありません。あくまで、被害者保護の手段です。

加害者処罰はこれとは別に必要です。反省文を書かせてクラス全員や全校生徒の前で自分が何をしたのか明らかにして被害者に謝らせる、一定期間奉仕活動をさせる、部活や委員会活動でのいじめならその集団から除籍する、等の処置が考えられます。そうしておいて、処罰後きちんと学校生活が改まったかを、先生が監視しておけば充分でしょう。

最後に校内犯罪は、それが犯罪であるか否かの判断権は学校にありません。中高年の教員の中には学校が治外法権であるかのごとき思い上がりをもった者がいますが、とんでもない話です。

被害者は、証拠を押さえて直接警察に訴えればよいのです。警察は証拠に基づいて加害者を逮捕・補導する。その後、家庭裁判所の審判により、加害者が少年院に行くか、少年刑務所に行くか、保護観察処分になるかが決定されます。暴力犯罪の場合、逮捕と同時に学校は被害者を守るために加害者を即時かつ無期限に出席停止にします。そして、家庭裁判所の審判が決定するまでに、処罰として強制転校させる。こうすれば、被害者は永続的に保護されます。

暴力犯罪の加害者は、学校に戻ると独特の箔《はく》がついてスクールカーストの上昇という不当利得を得る場合があるので、江戸時代の遠島ではありませんが、強制転校させることがその防止策として有効なのです。

暴力犯罪以外の犯罪（いじめとしての窃盗や器物損壊、インターネットを使った誹謗中傷等）の場合、加害者は逮捕と同時にスクールカーストが暴落して、いじめを継続できないことが多いので、即時かつ無期限の出席停止にまでする必要はありません。しかし、強制転校はやはり加害者処罰として行うべきだと思います。加害者処罰は、加害者の反省を促すだけでなく、被害者の精神的救済や中立・傍観者への警告としても重要な役割を果たしているからです。

毅然とするとはどういうことか

教育再生会議は、学校は毅然とした対応をしろと言います。その言葉はまったく正しいと思います。しかし、毅然とせよと人に言うためには、自らが毅然としなければなりません。学校現場が毅然としてルールを適用するためには、行政が毅然としたルールを定立しなければなりません。

私は、そのサンプルとして図表11を提示するのです。

いじめ被害者の転校という問題では、何故被害者が転校しなければならないのか、転校すべきは加害者ではないかという疑問が投げかけられます。この疑問に明確に答えた人を、私は知りません。図表11からは、極めて明確に回答を導き出せます。

被害者が被害を訴え、その訴えが妥当である（精神科医やスクールカウンセラーもそれを認めている）かぎり、転校は許可します。しかし、加害者を強制転校させるためには、加害者がそれに見合うだけの酷いいじめをしていたという明確な証拠が必要です。酷いいじめとは、犯罪に該当するようないじめのことです。

また、いじめを見過ごした教師を罰すべきだという意見も、最近力を持ってきています。私も、一部の教師には妥当だと思います。しかし、明確な基準なしにこれを全面的に認めれば、教師は萎縮するでしょう。いじめ被害者だと自称すれば、どんな我儘《わがまま》も通るようになります。それをどのように防止するのか。

図表11からは明確です。

いじめの証拠を押さえる義務は、被害者にあります。今はカメラ付き携帯電話や超小型のデジタル録音機があるので、証拠を押さえることは容易です。証拠を押さえた上で、学校に処置を要求します。いじめが犯罪にあたる場合、学校に判断の余地はありません。学校には、保護者と共同して警察に校内犯罪を告発する義務が発生します（刑事訴訟法上、公務員には犯罪告発義務があるので法改正は不要です）。犯罪にあたらない場合は、いじめ認定権は学校にあります。学校は、いじめだと判断すれば被害者の保護と加害者の処罰及び指導に乗り出します。ただの諍《いさか》いだと思えば、子どもの様子を見守ろうと保護者を説得します。学校が告発義務を怠った場合と、いじめ認定について認定権の乱用があった場合、校長や教員は懲戒対象になります。

図表11だけが正しいとは限りません。これはシビアすぎる、という考え方もあるでしょう。それは議論すればよいのです。大切なことは、行政が、図表11のごとく、どのようないじめがあった場合にはどのような対処をするかといった明確なルールを示すことです。それを怠って「毅然として対処せよ」と掛け声をかけても、ただただ「突撃」と叫ぶ無能な指揮官と変わらない、と言いたいのです。

学校と警察の連携を阻むもの

くどいようですが、現在の学校の異常さは、いじめが存在することではありません。校内で犯罪が行われ、それが「いじめ」の名の下に犯罪として扱われていないことにあるのです。

では、だれが犯罪を「いじめ」にしているのか。

それは、国家権力（警察）を憎むカビの生えた日教組思想と、教師はあらゆる困難を乗り越えていじめ被害者を守り、いじめ加害者を更生させるべきだと考えるコケの生えた教師聖職者論、それに、少しくらいヤンチャな方が立派な大人になるといった牧歌的な青春イメージです。

つまり、オールド左派とオールド右派・懐古派の共同正犯なのです。

ここでは、とりわけ学校内で大きな勢力であるオールド左派のメンタリティを紹介しておきましょう。

ケース1
S教師が授業中に「このクラスの子でお父さんが警察官と自衛官の子供は立ちなさい」と言い、警察官や自衛官の子供たちが顔を見合せながら立つと、「この子たちのお父さんは悪い人たちです。あんたたちは立っていなさい」と発言した。

立たされた児童の親Aは校長に抗議したが、校長は「日教組には私も困らされていま す。ですが相手が悪い。また子供さんにはね返ってもいけないから」と言を左右にする だけである。

「では、公立小学校における親の職業による差別として正式に教育委員会に提訴します から」と告げると、校長はS教師を家庭訪問の形でさし向けた。

S教師は「ベトナム戦争はけしからん、自民党政権は軍国主義復活を目指している。 機動隊は学生に暴力をふるう権力の暴力組織だ」と日教組の教条主義的な公式論をまく したてる。

これに対しAは、「私が言っているのはベトナム戦争や全共闘のことではない。貴女 は親の職業で罪のない子供を立たせるという体罰を加えたようだが、小学校教師として それでいいのかと尋ねているんです。反省しないなら、私は教育委員会に提訴するつも りです」という。

S教師は「やるならやって御覧なさい。日教組の組織をあげて闘いますよ」と叫ぶ。 Aが「どうぞ。私も貴女を免職させるまで徹底的にやりますよ。ではお引き取り下さい」と突っ放すと、免職という言葉にイデオロギーが負けたのか、突然S教師はフロアに土下座して「どうぞお許し下さい。教師をやめさせられたら暮していけませんので」と哀願した。

（『連合赤軍「あさま山荘」事件』佐々淳行著より）

これは、連合赤軍事件が起こった頃の話です。現在の学校に、ここまで酷い教師はいません。が、学校に警察を入れたくないというメンタリティのベースには、国家権力＝悪というような幼稚な日教組思想の燃えカスが存在していることは事実です。

しかし、情緒でいじめは救えません。学校の外で起ころうが中で起ころうが、犯罪は犯罪である。そして、犯罪者は警察に引き渡す。これが基本であるべきです。

実際の運用にあたっては、例えば加害者が小学生で反省の態度が明確、被害者も許そうと思っているなどを考慮し、警察に引き渡すのを見送るという処置はありうると思います。しかし、基本は何かを明確にしておかねばなりません。それによって、加害者の保護者が「学校に怒鳴り込む」か「加害者とともに被害者や学校に謝りに来るか」が分たれるのです。

いじめ対策を考える時に「人権」という言葉を使うな

教育問題を語る時に、すぐに「人権」という言葉を使いたがる人がいます。

愛国、愛国と大騒ぎする人が必ずしも日本を愛しているとは限らないように、人権、人権と騒ぐ人が人権を大切にしているとは限りません。

私は、学校現場で具体的な事案を考える際には、人権という言葉は使わないようにした方がよいと思っています（これは拙書『戦後教育で失われたもの』でも書きました）。

「いじめは人権侵害です」と大声で叫ぶ人は、本当に大勢います。

確かにそうです。でも、そのような主張は、思いとは裏腹に、加害者への甘い対処を誘発しがちです。

「いじめ加害者の人権にも配慮しなければならない」と主張する人が、必ず出てくるからです。

人権の価値は無限大です。近代国家は国民の安全と財産という人権を守るために存在しているとさえ考えられています。そのような概念を被害者と加害者の双方が持ち出すと、よほど頭がクリアでないと回答が出せなくなります。

$2n(n+1)/n^2$という式でnが3にどんどん近づいていった時の答えは誰でも出せます。nに3を代入すればよいのです。では、nが無限に大きくなっていったら答えはどうなりますか。

分母も分子も無限に大きくなるから答えは1？　そう単純にはいきません。

このように、具体的な数字ならいとも簡単な式が、無限概念を扱うと途端に混乱するのです。

数学なら頭のよい人が正しい答えを出せますが、社会問題は話し合いと多数決で解決するのがデモクラシー社会のルールです。だからこそ、具体的な利益で考えるべきなのです。

「いじめは確かに人権侵害だが、出席停止も加害者に対する人権侵害だ」と言われ、思考停止状態になっていたのがこれまでの教育行政でした。

人権なんて言葉を使わず、具体的に何が侵害されるのかを考えれば、難しい話ではありません。

暴力系いじめの被害者は、毎日殴られているのです。彼は「学校に行き、安全な状態で教育を受ける権利」を侵されています。これに対して、加害者を出席停止にすることで、加害者のどんな利益が侵害されるのでしょうか。決して教育を受ける権利ではありません。学校は、「出席停止の期間においては、当該児童生徒が学校や学級へ円滑に復帰することができるよう、規範意識や社会性、目的意識等を培うこと、学校や学級の一員としての自覚を持たせること、学習面において基礎・基本を補充すること、悩みや葛藤を受け止めて情緒の安定を図ることなどを旨《むね》として指導や援助に努める」ことが文部科学省の通知（「出席停止制度の運用の在り方について」）で明確にされています。彼が失う利益は、クラスの皆と一緒に授業を受けることだけです。

他人の安全に教育を受ける権利を侵した者が、クラスメイトと一緒に授業を受ける権利を剝奪《はくだつ》される。

これに何の問題があるのでしょう。暴力系いじめをした者を出席停止にするのに、何の躊躇《ちゅうちょ》もいりません。そんな簡単なことが、「人権」対「人権」（「無限概念」対「無限概念」）という構図になった途端に判らなくなるのです。

「規範の内面化」と「いじめ免疫の獲得」

図表11、あるいはこれに類するものを、教育行政が警察や法務省の協力を要請して「毅然として」定め、それを保護者や児童・生徒に周知させ、いじめが発生した時には学校が「毅然として」実行すれば、「いじめ」と総称されている問題の半分以上は解決します。

いじめ対策には、大きく分けて「いじめ予防」と「事後対策」があります。本章で今まで論じてきたのは事後対策です。

事後対策をしっかりすれば、学校ができることの半分は実施したことになりますが、毅然とした事後対策は同時に予防効果もありますから、いじめ問題の半分以上を解決したことになるのです。

しかし、明確かつ厳格なルールの設定と適用（いわゆる「ゼロ・トレランス」的な手法）だけがいじめ予防ではありません。

ルールなどなくとも他人をいじめないようになること（「人をいじめてはならない」という規範を内面化させること）は、その後の子ども達の人生を考えれば、ゼロ・トレランス的手法でいじめを押さえつける以上に大切なことかもしれません。

また、極端にシビアないじめ予防措置をとっていじめの発生を全て押さえつけると、子ども達はいじめに対する免疫を獲得する機会がないままに社会人になってしまいます。「規範の内面化」と「いじめ免疫の獲得」。社会に出て自分も周りの人間も幸せに暮らすためには、二つを共に獲得しておくことが必要です。

そのためには、結局のところ、

「先生は様々な手段を講じていじめを予防する。それでも時おり先生の目を盗むように小さないじめが起きる。調子にのっていじめっ子がやりすぎると先生に見つかって大目玉を食う。そんな経験をくりかえしながら、『規範の内面化』と『いじめ免疫の獲得』が同時進行していく」

そんな、ごく当たり前の学校の姿を取り戻すことが必要です。
そのためにも、次の二つが重要です。

①校内犯罪には、即時出席停止・警察官による逮捕・家庭裁判所による審判・少年院送致や強制転校といった措置をとることで、最も凶悪ないじめから児童・生徒全員を守る。

②被害者が被害を訴えたときには、精神科医やスクールカウンセラーの意見を尊重し、学校がいじめを確認できなくても転校を許可することで、最も弱い被害者を守る。

この二つは、「いじめのセーフティーネット」です。セーフティーネットを整備したうえで、「いじめ予防」「日常的な軋轢《あつれき》といじめの境界判断」等は、学校や教師の判断に委ねる。それが「規範の内面化」と「いじめ免疫の獲得」を両立させる唯一の道です。

いじめ自殺のようなセンセーショナルな事件が起こると、現場は萎縮してしまいます。しかし、現場の先生達が萎縮していては、子ども達に良い影響を与えません。だからといって、国民や保護者の立場からすれば、自殺するまでいじめを放置し、その上隠蔽しようとしていた学校を信用しろと言っても無理な話です。

本書が示すものは、この矛盾する要請の解だと自負しています。

いじめ予防には価値観の押し付けが不可欠である

それでも、今時の先生に「規範の内面化」と「いじめ免疫の獲得」という困難な課題が解決できるのかといぶかしがる方も多いと思います。

しかし、私の実感は逆です。

今時の先生だからできるのです。これが一昔前の先生や、二〇〇七年から退職しはじめる団塊世代の先生ではとても無理でしょう。なぜなら、彼らは「価値観の押し付け」は教育ではないという迷信に取り憑《つ》かれているからです。

ルールがなくてもいじめをしない人間になるために必要なことと、万が一いじめられる立場に立っても毅然としていられるために必要なことは大きくは変わりません。共通することは「いじめは卑怯で賤《いや》しい行いだ」と認識する理性であり、「卑怯」や「賤しさ」を憎み、「卑怯な人間」「賤しい人間」を軽蔑する（あるいは哀れむ）心です。

いじめる人間を軽蔑することが「規範の内面化」に有効なのは当然ですが、「いじめ免疫の獲得」にも極めて有効だと思います。

大人の社会ではよく起こることです。大人社会にも弱い者をいじめて喜ぶような賤しい人間はいますが、そういう人間は周りから軽蔑されているものです。この軽蔑をいじめ被害者が感得できたとき、心情は相当に楽になります。周りの軽蔑・被害者自身の軽蔑が、「いじめ免疫」を強化しているのです。

そして、どのような行為を「卑怯」と感じ、どのような行為を「賤しい」と感じるかは価値観によって決定されます。

例えば、我々日本人は、国際スポーツにおいて相手の技量が向上したからといって、その技量を封じ込めるようにルールを変更することを卑怯と感じます。

背泳の鈴木大地選手を封じ込めるためにバサロ泳法に距離制限を設ける行為、東洋の魔女と称された日本女子バレーボール選手達のクイック攻撃を封じるために、反則だったオーバーネットを許可する行為、スキージャンプにおいて台頭する日本人選手を封じ込めるためにスキー板の長さを身長比に変更する行為。これらは、日本人のメンタリティからすればすべて卑怯な行為です。

しかし、欧米人のメンタリティは違います。「スポーツのルールは普遍的なものではないのだから、必要に応じて変えていけばよい、そして、ルール変更の際に自分達の利益を反映させるのは当然である」となり、彼らは自分達が日本のスポーツ選手に対してしてきた行為を卑怯とは思っていません。そして、自分に有利に変更したルールに従って正々堂々と戦いさえすれば「フェア」なのです。

話はそれましたが、このように、何を卑怯と感じるかは価値観そのものであり、いじめ予防には価値観の押し付けが不可欠なのです。

むしろ、価値観を押し付けないから、子ども達は「チクリは卑怯」「いじめられたからって休む奴は卑怯」という自分達独自の価値観を肥大化させるのです。

弱い者いじめは卑怯である。人をいじめるのは賤しい行いである。そして、卑怯者や賤しい行いをする奴は、他者から軽蔑されて当然である。このような価値観を明白に提示する規範となると、思いつくのは「武士道」です。『国家の品格』が大ヒットした影響でしょうか、若い人達にも、新渡戸稲造の『武士道』を読んで感銘を受けたという人が珍しくありません。

私は現在、拙書『戦後教育で失われたもの』を読んで共感してくれた先生達と定期的に授業研究をしているのですが、その仲間にも、武士道をとりいれた道徳授業によっていじめ問題を解決しようと模索している中堅・若手の先生がいます。

これに対して、そんな授業は価値観の押し付けでありけしからんといって邪魔をするのが、団塊世代の校長・教頭です。そのくせ彼らは、人権思想という価値観の押し付けには何の躊躇もありません。

いじめ対策に有効なものはなんでも使う

新渡戸稲造の「武士道」と言うと、

「あんなものは明治時代のフィクションだ、伝統といってもせいぜい江戸時代中期の

『士道』からであって、武士が本当に活躍していた鎌倉から戦国にかけての彼らの倫理規範は浅ましく、えげつないものだ」

と反論する人も多いと思います。

でも私は、武士がいなくなった明治という時代だからこそ「武士道」は美しいのだと思います。歌の世界で最も優雅だとされる『新古今集』は、貴族に政治の実権がなくなった鎌倉時代初期に編纂《へんさん》された歌集です。忠臣蔵で有名な山鹿流兵法は、天下泰平の世となった江戸時代初期に完成した思想です。ソクラテス、プラトン、アリストテレスと続くギリシア哲学は、ポリスが滅び行く過程で発展した哲学です。

多くの思想は、滅び行く時、あるいは滅んだ後で純化し結実するのです。

新渡戸稲造の「武士道」は、確かに現実の武士（とりわけ中世の武士）の倫理規範とは全く異なるフィクションかもしれません。しかし、虚構性が問題だというなら「人権思想」だって虚構です。

人権思想では「人権」は「国家」が存在する以前の権利だと説明されますが、それが大嘘であることは、国家が崩壊状態にある地域の人々の実情を見れば明らかです。

現実には、国家が存在するから国民の権利が守られているのです。それでも「人権思想」というフィクションが有用なのは、国家は人権の守り手であると同時に最大の侵害主体だからです。国家が国民に牙をむき、国民の生命や財産を不当に侵害するとき、「人権思想」は、極めて有用かつ強力な武器になるのです。

では、学校のいじめ問題を解決する手段として、「人権フィクション」だけで対応するのと「武士道フィクション」も付け加えるのとではどちらが効果的でしょうか。

この答えは、いじめを根絶できると考える人と根絶できないと考える人で異なるのかもしれません。

いじめが根絶可能ならば、「人権フィクション」一本でいくのも賢い選択です。いじめ加害者にも人権はありますから、彼がクラスメイトから「卑怯」「賤しい」というレッテルを貼られて軽蔑されることは人権の侵害に当たります。加害者には加害者なりの、いじめに逃避する理由があるのですから、加害者の言い分にも耳を傾けてやる。それが、人権にも配慮したいじめ根絶のための正しい方法になります。

しかし、いじめ根絶が不可能であることは、ここまで本書が明らかにしてきたとおりです。

これに対して「武士道フィクション」では、いじめ加害者が軽蔑されることは当然の報いと考えます。いじめが根絶できないのであれば、誰がいじめられるリスクをかぶるのがベターか。

それは、最も賤しい者です。学力が低い者でもなく、行動がキモイ者でもなく、容姿が醜い者でもない。弱い者いじめをするような賤しい者こそが、クラスメイトから軽蔑され、いじめ被害者になるリスクを負うべきです。もちろん、一方では「人権フィクション」も尊重しなければなりませんから、彼が甘受すべきリスクは「非犯罪コミュニケーション系いじめ」に限られます。

諦観と貪欲が学びの場を取り戻す

実際に子ども達に武士道的価値観が根付くかどうかは、教師の力量にかかっています。価値観の押し付けに成功した場合には、「いじめ集団の四層構造」モデルにおける「観客」が減少し、「傍観者」のいじめに対する視線も冷淡になりますから、いじめは減少すると予測されます。

また、いじめが賤しい行為と認識されることで、加害者のスクールカーストを下げる方向に働くので、いじめ加害者はいじめを継続することができなくなる可能性もあります。

「人権フィクション」や「武士道フィクション」以外にも、いじめ予防に役立つ手法はいくつもあります。コミュニケーションスキルを向上させることでいじめを予防しようとする人達、ドメスティックバイオレンス防止や虐待防止に役立っているCAPプログラムのいじめへの応用を模索する人達、向山《むこうやま》洋一氏率いるTOSSはじめ先生達の自主的な研究会でも、いじめ防止授業テクニックを研究しています。日教組の教研集会でも多くの「いじめ解決事例」が報告されています。

いじめ予防に力を入れている人達は、総じて校内犯罪もいじめと捉えがちです。その点では私と本質的に立場が異なるのですが、予防の段階で犯罪系いじめと非犯罪系いじめを峻別する必要はありません。非犯罪系いじめを予防できる手法は、校内犯罪の予防にも役立ちます。

但し、危惧する点もない訳ではありません。

学力低下問題でもそうでしたが、いじめ問題も、センセーショナルに報じられて社会の関心が高まると流派争いが起こりがちです。しかし、現場は流派争いに巻き込まれる必要はないのです。

校長先生が「これは使えるかも」と思えば学校全体で、学級担任が思えば自分のクラスで、何でも貪欲《どんよく》に試してみればよいのです。

いじめは根絶できないという諦観と、様々なテクニックを駆使していじめ予防に取り組む貪欲さ、双方を兼ね備えた時、学校は「規範の内面化」と「いじめ免疫の獲得」が同時に可能な学びの場に戻ることができるでしょう。

おわりに

社会は「いじめ」に満ちています。

セクシャルハラスメント、パワーハラスメントにモラルハラスメント、さらにはアカデミックハラスメント。我々は、日々これらのいじめと付き合いながら生きています。ある時は耐え、またある時は逃げ、そしてどうしても譲れない時には渾身の勇気を振り絞って戦います。それが我々の生の姿ではないでしょうか。

「自分は絶対にいかなるいじめも見逃さないし、許さない」

そういう方の言動を、私は信じることができません。

取引先や上司が女性の同僚にセクシャルな話題を投げかけた時には必ず「それはセクハラです」と指摘し、その場で止めさせる社会人を私は見たことがありません。最も賢明な人はやんわりと話題を変え、最も卑劣な者は一緒に盛り上がろうとします。

上司が大声を出したら毎回「パワハラだ」と指摘する人も見たことがありません。義侠心のある人は助け舟を出し、臆病者は首をすくめるだけです。

ところが、そんな現実を生きている大人も、学校や子どもの話になると急に完璧主義者になり、「いじめを撲滅する」と言い出します。本気なら愚かすぎるし、ポーズなら不誠実すぎるのではないでしょうか。また、「いじめはなくならないから強くなるしかない」と言う人もいます。オールオアナッシングの単純思考という意味で、愚かさは同程度です。

本書は、そんな愚かな大人の議論を封殺するために書いたものです。

自分の人格や能力相応に大人がハラスメントと付き合って生きているように、子どももいじめとリアルに付き合いながら生きているのです。

どんな対策も、現実を知らなければ始まりません。

本書は、子どもが直面しているいじめの現実を、筆者の能力の及ぶ範囲で忠実に表すことに挑戦したものです。そのために必要な概念は総動員しました。「いじめ学」の権威である内藤朝雄氏の理論を平易に説明するという試みも、「スクールカースト」という概念を紙媒体で真正面から取り上げたのも、本書が初めてのはずです。

教育問題に言及するようになって今年で一〇年になりますが、本書の執筆はその中で最もチャレンジングな試みでした。

改めて、挑戦の場を与えてくださった新潮新書編集部の皆様に感謝します。

二〇〇七年五月

森口　朗

森口朗　1960（昭和35）年大阪府生まれ。教育評論家。中央大学法学部卒業。東京都職員として学校勤務を経験。著書に『授業の復権』『戦後教育で失われたもの』など。
http://d.hatena.ne.jp/moriguchiakira/

新潮新書

219

いじめの構造《こうぞう》

著　者　森口《もりぐち》　朗《あきら》

2007年6月20日　発行
2016年9月15日　5刷

発行者　佐　藤　隆　信

発行所　株式会社新潮社

〒162-8711　東京都新宿区矢来町71番地
編集部(03)3266-5430　読者係(03)3266-5111
http://www.shinchosha.co.jp

印刷所　錦明印刷株式会社
製本所　錦明印刷株式会社

ISBN978-4-10-610219-6　C0237

Ⓢ新潮新書

057
授業の復権
森口朗

不毛な教育改革論議はもうたくさん。学校再生のカギは「授業力」にある。子供たちの学力向上に命をかけた、戦後教育史に輝く「授業の達人」たちに学べ!

129
戦後教育で失われたもの
森口朗

己の力を顧みず、夢を追いつつ親に寄生、努力せず不平等を嘆き、世の不条理にすぐに挫ける。なぜ、幼稚で情けない日本人が増えたのか?「戦後教育」からの脱却を提言する警世の書。

112
14歳の子を持つ親たちへ
内田樹
名越康文

役割としての母性、「子供よりも病気な」親たち、「ためらう」ことの大切さなど、意外な角度から親と子の問題を洗いなおす。少しだけ元気の出る親子論。

520
反省させると犯罪者になります
岡本茂樹

累犯受刑者は「反省」がうまい。本当に反省に導くのならば「加害者の視点で考えさせる」方が効果的——。犯罪者のリアルな生態を踏まえて、超効果的な更生メソッドを提言する。

647
ほめると子どもはダメになる
榎本博明

生きる力に欠けた若者は、欧米流「ほめて育てる」思想の産物だ。「ほめても自己肯定感は育たない」「母性の暴走が弊害のもと」……臨床心理学で安易な風潮を斬る、日本人必読の書。